成語易經

用卦名創造成語的智慧

趙世晃 著

作者序

2023-1-10

　　我學易近五十年，比我的醫學更久。醫學與易學，可以說是我人生的兩大學習，它們相輔相成，帶給我豐富的人生智慧。年過六十，我對易學的研究與傳播更賣力，前後寫了《心易相通：當心經愛上易經》、《易經說減重很簡單》、《易經說養生先養心》、《如詩如畫的易經：讓易經來幫我們寫詩》、《可以群運算的易經：當牛頓遇到周公》五本有關易學的書，還在臉書社群寫了十年的易經文章，加起來應該超過一百萬字。已經屆退休年紀的我，理解醫學最後的祕境是心靈與智慧，正是易學的專精與核心，如此我把興趣轉向易學。傳播易學智慧，就當是我退休前後最重要的工作了。

　　易經是一部偉大的符號學，就像數學的123，或英文的abc，是一種心智的工具，方便記錄心中的想法，甚至去運算它們，去作演進、重組、解構、比較、歸類的操作。

　　易經有六十四卦，分別是八卦的自乘8x8=64所得出的。而八卦的組成天、地、雷、水、山、風、火、澤的符號分別是由三次陰或陽爻所組成，如果由下而上用0與1代表陰與陽爻，則八卦的符號為天111，地000，雷100，水010，山001，風011，火101，澤110，它各有代表的意義（請參考〈淺談八卦的隱喻與養生智慧〉）。

　　把八卦符號意義化是五千年前的伏羲氏，再幫六十四卦命名的是周文王，然後周公幫每個卦加上六個爻詞，孔子則作了十疏來解釋它們的象徵意義，像乾卦代表天道的自強不息，坤卦代表地道的厚德載物。所以傳統的易經是一部合著，前後約三千年的發展。

從簡單的0與1到複雜的智慧道德，易經幾千年來無數賢德智者研究它，論述心得。有人學易把它當作問卜算命之術，有人拿來看風水，也有人當作人生的智慧明燈。而數年前我發現易經的內容結構與理解方法，可以用數學的群運算來幫忙。譬如1**1=0，1**0=1，0**1=1，0**0=0。也就是陽陽得陰，陽陰得陽，陰陰得陰，凡是與陽爻碰撞的就要變爻，與陰爻碰撞的不用變。而每個卦都有六爻，所以卦與卦的碰撞要作六次的碰撞運算。

舉例說，乾卦111111與泰卦111000碰撞，就產生了000111的否卦。而（乾，泰，否）三卦就組成了一個可以三角運算的群組，乾**泰=否，泰**否=乾，否**乾=泰，泰**乾=否，乾**否=泰，否**泰=乾。它們各有排列的邏輯義理，可以寫成四個字的成語，舉例如下：

一，泰否相乾：乾是抗逆，泰順與否境相抗逆。

二，乾以泰否：乾是飛龍般的能力，可以創造泰順的境界，也可以渡過嚴冬的挑戰。

三，乾泰得否：乾是肯定自己，泰是交換，肯定自己的交換就是否定這個世界。

四，否泰爲乾：母親對小成吉斯汗說，英雄要學嚴冬的孢子，先乖乖地冬眠，然後變成百花的春天。小成吉斯汗終於願意入眠，醒來時他已是一個可汗。

五，用泰乾否：受過跨下之辱的韓信總是設想著項羽心中最有利的戰法，最後他戰勝項羽，贏在他料敵如神的交換心。

六，用否泰乾：洪七公對楊過說，潛龍勿用的掌法勝過飛龍在天，楊過問爲什麼，洪七公答，最厲害的武功是潛藏讓人不

知，一旦讓人知道，就有破解的方法，就不是最厲害的武功。楊過點頭說：將相本無種，否定的人生可以活出王者的壯志，能潛藏人間的神仙才會得到永世的崇拜。

以上這種三卦合一的邏輯練習，加上成語化的整理：幫我對易經的理解達到一個美妙的高度，如詩如畫。

群運算的應用產生了651組如上的三角運算群，每一組群都藏著易卦的綜合智慧，我花了五年的時間把它們研究到一個說得通的地步，便開始寫《可以群運算的易經：當牛頓遇到周公》。它在易學上是一個創新，因為它帶領易學研究離開訓詁的深谷，進到一個群運算的高度。它告訴我們一個驚人的發現，**每個卦都可以分解成兩個相碰撞的卦，每兩個相碰撞的卦也可以產生一個新的卦**，就像化學反應式：A**B=C。碰撞對學習與理解卦意的幫忙是空前的，因為對每個卦的理解，都有對應的31組碰撞後的運算群來幫忙，也就是說要理解一個卦，我們有31種角度去思考。經過這樣的練習，我們把易卦的理解推到了一個數學運算的高度，更精確，更靈活，更客觀，更能穿透時空的限制，為將來連結人工智能與自然語言的運算研究作好準備。

這本書把易卦碰撞的智慧再進階，用了成語的結構來帶出三卦的組合。本書把易經的應用推進到成語創作的領域，一下子幫這個世界多添了數千組的新成語，每組成語至少含有三個易卦的智慧，讓人可以朗朗上口，寫勵志的話，作一生的座右銘，加強學易的興趣。

成語世界是美麗強大的，它簡化了智慧與語言的關係。成語化的易經更是，可以說是濃縮再濃縮，簡化再簡化的語言智慧。很感恩祖先留給我這部易經，我把卦意的數學運算與成語創作作了初淺的示範，希望可以拋磚引玉，激發更多易經與人工智能研究者的興趣。

目錄CONTENTS

易經的群運算

2022-8-12

　　易經是一種符號系統，組成的元素主要有二，一陰一陽，我用0代表陰，用1代表陽，如此我可以把0與1放在一個群中，並且作群運算的規定如下：

**	0	1
0	0	1
1	1	0

　　代表卦與卦的碰撞。最需要注意的是11的結果是0，陽陽得陰，負負得正的意思。這也符合祖先的設計，因為易經的陰爻本來就是兩個分開的陽爻。

　　如此的運算用在八卦，會有如下的結果：

**	000地	001山	010水	011風	100雷	101火	110澤	111天
000地	000地	001山	010水	011風	100雷	101火	110澤	111天
001山	001山	000地	011風	010水	101火	100雷	111天	110澤
010水	010水	011風	000地	001山	110澤	111天	100雷	101火
011風	011風	010水	001山	000地	111天	110澤	101火	100雷
100雷	100雷	101火	110澤	111夾	000地	001山	010水	011風
101火	101火	100雷	111天	110澤	001山	000地	011風	010水
110澤	110澤	111天	100雷	101火	010水	011風	000地	001山
111天	111天	110澤	101火	100雷	011風	010水	001山	000地

這個結果是一個交換群的運算，也就是說A**B=B**A。如果把000地卦的特性拉出來，就是地卦與任何卦的碰撞後都不會改變：假設A為任何卦，則A**000（地）=A。還有，任何卦的自我碰撞也是地卦：即A**A=000地。摒除000地卦以外的組合，其實上表的64種運算結果可以簡約成7種組合：即111**100=011，簡記為（天、雷、風），111**101=010（天、火、水），111**110=001（天、澤、山），101**110=011（火、澤、風），100**010=110（雷、水、澤），100**001=101（雷、山、火），010**001=011（水、山、風）。是數學的組合問題，7*6/3*2*1=7。以此類推，用在64卦的碰撞運算，可以得到63*62/3*2*1=651個組合。

舉個例子，乾卦111111可以用復卦100000與姤卦011111來組成，也可用010000師卦與101111同人卦來組成，其它還有001000謙卦與110111履卦，000100豫卦與111011小畜卦，000010比卦與111101大有卦，000001剝卦與111110夬卦，110000臨卦與001111遯卦，……共31種組合。這31種組合，在易經上稱為相錯卦，每卦的爻都是陰陽相反。

相錯的兩卦的碰撞都是乾卦，這在卦意的解釋上是有道理可講的。如復卦100000講還原與休復，姤卦011111講相遇相合，兩卦的意涵產生極端的反差，講還原就不再遇合，遇合了就不再還原的反差。師卦010000與同人卦101111也相錯，師卦的聚眾作戰與同人卦的天下大同也是最大的反差。由此可知乾卦是一個講最大反差的卦，要有違抗的心志，不屈不撓，最後突破困境，飛龍在天。

以此理推演，經過兩卦碰撞而產生的新卦組成的651種組合，都有一種卦意的連結。或是反方向來說，每個卦都可分解成兩個不同卦的碰撞，都可一生二地產生3合1組合。舉個例子，臨卦110000與觀

卦000011相撞得110011中孚卦，三卦合一的組合，在卦意上可以連結，譬如：台上的表演者與台下的觀眾產生了同心互動，心與心融合一片。又如剝卦000001與夬卦111110的相撞得乾111111卦，三卦的卦意可以連結成一句話：天道總是在最後的結束與最初的開始間合一，一次的剝壞可以啟動一萬次的夬始，一次的啟動同時開啟了一萬種剝壞。如此逐一練習，如詩如畫的易經就開始展現在我們眼前。

這種練習對學易的幫助很大，因為運算本身是數理的，它不會錯，所以可以精確勾對我們對易卦的理解，如果解不出一個滿意的卦意連結，就代表我們的卦意理解有誤，如此可以修正我們平常自以為是的易卦心得。用運算來幫助卦意的精確性，也用運算來發現易卦的新境界，真是令人驚艷的學易旅行。

我個人進行這種練習已經有五年了，才開始寫這本如詩如畫的易經，果然寫來得心應手，勢如破竹。我鼓勵讀者也要勇於嘗試，一邊可以精確學易，一邊可以作自己人生的詩人畫家，把生活加入如詩如畫的美麗。

成語易經：用卦名創造成語的智慧

淺談八卦的隱喻與養生智慧

2022-8-12

　　易經是由八卦組成的，八卦分別是天、地、雷、水、山、風、火、澤，它的古字意分別是乾、坤、震、坎、艮、巽、離、兌。相傳五千年前伏羲氏所定下來的名稱，目的是創建一套符號來記錄心中的感想。他用三個陽爻1或陰爻0組成的八卦來代表萬物萬事的分類。

　　天是最剛健的，所以用三個陽爻111代表，地是最順服的，所以用三個陰爻000代表。當雷打到地面，代表天與地的初交，是天神的腳踏上了大地，所以用100代表。而河水流過了平原，切開了兩岸，形成了坎陷，就用010代表。而山是高高隆起的地，是地的高頂到了天，所以用001代表。相對的，風是沒有了腳的天，所以用011代表。火是讓眼睛看見世界的光，所以是讓心與世界相通的窗，就用101代表。最後，澤是層次分明的水，也是水下有諸多的生命，所以用110來代表。

　　八卦的名稱與意義定下來後，人類應該很高興，原來天地萬物是可以用符號分類的，於是八卦的延伸意義便開始演化。天是神與龍住的地方，所以天代表我們的主人，國王，領導，有大能力的人，英雄，強健的力量。地是供我們蓋房子、種植、旅行的大地，像母親一樣養育我們，像馬一樣順服溫柔，代表廣大的、柔順的、臣服的、眾生的。雷是閃電般的快、是春天的、新生的、開創的、積極的、熱情的、衝動的、加速的。水是阻隔的、危險的、困難的、交錯的、居中的、像鳥一樣身體在中兩翅在外的。山是高的、靜止的、安定的、慢

的、邊界的、最外圍的、減速的，像我們的角、屋頂、帽子、床、或是樹梢的果實。風是漂浮的、不安的、無形的、上升的、像樹木會長高的，也是陽對陰的接納，是組合的、歡迎的、加法的、容忍的、混亂的。火是光明的、相通的、同意的、美麗的、看得見的，相信的，對稱的，平衡的，調和的。澤是分開的、沉澱的、秩序的、密集的、減法的、釋放的、表達的、割捨的、選擇的。

　　利用八卦的類比，八卦幫助先古人類很大的忙，讓心智對事物的理解有了對稱性的分類，分類之後還有很簡明的符號幫忙記錄。把世界八卦化，智慧的進化就加速了，因為可以看出事物的同異，本身就是智慧，對養生很重要的智慧。分別老虎與小鹿的不同有生死存亡的重要性，化同火的光明與誠信的美麗，則能創建共榮的文明。分異與化同，正是智慧的根本，也是養生的必要。

　　天卦的養生智慧是強健的意志，是領導的智能，是把自己變強的想法，也是一隻龍練習飛天的努力。地卦的養生智慧是柔順的願意，是服務的心，是用愛把對方保護、養育、包容起來，是犧牲時的滿足，奉獻時的快樂。雷卦的養生智慧是精猛的前進，用熱情征服世界的冰冷，用新生換掉嚴冬的死亡，用勇氣打開嶄新的世界。水卦的養生智慧是垂直的管理，是居中的堅持，左右的猶疑，看到不清楚時的發問，在十字路口學習四通八達的交通，在危險旁邊建立最安全的城池。山卦的養生智慧是安定的靜止，是修身齊家治國平天下，是獨立於孤高，是認識自己的本分，是替萬物定下適當的名。風卦的養生智慧是容忍的彈性，輕鬆與逍遙，是散播與稀釋，是假想與升華，是向神的禱告，是擁抱與歡迎，是加法與幫助，是累積與靈感。火卦的養生智慧是將心比心，是靈通的心，是相信美麗，是平衡的對稱，是滿足與調和。澤卦的養生智慧是分開善惡，是選擇安全的路，是建立相

成語易經：用卦名創造成語的智慧

隨的秩序，是密集後的精巧，是最快的果決，是演出與分享，是用減法來簡單。

　　把八卦記熟了，對學易經有很大的幫助。用養生來記住八卦，也是一種學易的方法。把心裝進八卦的能量，養生變得更有力氣！請讚美一下學會八卦的自己吧！

1. 剝盡而生（剝＝OOOOO1）

時間不停地消失也不停地再生

萬物與智慧都不停地去舊換新

歲月剝盡了人就往生　生到冥界或下個輪迴

都是剝盡而生

剝壞其實生意盎然

像破繭而出的蝴蝶　羽化登仙的得道者

1. 剝剝生坤：剝壞的自我剝壞回到坤卦的空無與等待再生

　（剝OOOOO1＋剝OOOOO1＝坤OOOOOO）

　比剝觀生：親比的剝壞後生成了遠觀之心

2. 觀剝而比生：觀想的無界剝壞後就是一統的比盟（比OOOO1O＋觀

成語易經：用卦名創造成語的智慧

000011）

3. 豫剝晉生：當心不再浮動標準就出現

晉剝豫生：當標準老舊了　浮動就出現（豫000100+晉000101）

4. 萃剝否生：當心不再聚精會神則否定的情境會出現

否剝萃生：當心不再否定時便開始聚精會神（萃000110+否000111）

5. 謙剝艮生：謙心剝盡了獨立絕情便生出

艮剝謙生：艮絕剝盡了謙心便出現（謙001000+艮001001）

6. 蹇剝漸生：當水的阻擋剝壞了便開始它的浸潤發展

漸剝蹇生：當水不再溫柔浸潤便開始包圍阻擋（蹇001010+漸001011）

7. 小過剝則旅生：當不再耐心注意細節　心便開始漂流遠方

旅剝則小過生：當不再計劃遠行　心便開始留意細節（小過001100+旅001101）

8. 咸剝遯生：當感性剝壞了生命便開始退化遺忘

遯剝咸生：當生命不再隱藏自己便開始恢復感性（咸001110+遯001111）

9. 師剝萬蒙：唯一的律令軍法剝盡了所有的隱約不清

蒙剝萬師：一種蒙昧剝壞了所有的紀律訓練（師010000+蒙010001）

10. 坎剝渙生：離開交結的困局則重回逍遙的飛翔

渙剝坎生：失去逍遙心則重回交結的困局　當心不再渙散　則開始超維運算（坎010010+渙010011）

11. 解剝則未濟：失去了理解則心生不滿

未濟剝解：剝去貪婪的外衣則看見理解的真身（解010100+未濟

010101）

12. 困剝訟生：守困的心壞了則相訟的心便出現

　　訟剝困生：剝去相訟的心便生知困安困的心

　　訟困相剝：在數學上訟是相矛盾的命題　困是自足的運算群　兩
　　者相剝（困010110＋訟010111）

13. 升剝爲蠱：升階的盡頭產生盟主就是賽局的用途

　　蠱剝則升：賽局心的消失就是升華至無賽無勝負（升011000＋蠱
　　011001）

14. 井剝則巽：供水的井到了極致是隨便誰都可以分享的雲端通路

　　巽剝則井：作什麼都可以的閒散心自剝後便是挖一口可以養生的
　　井（井011010＋巽011011）

15. 恆鼎相剝：恆是守常　鼎是創新　兩者互剝（恆011100＋鼎
　　011101）

16. 姤剝大過：大過是唯我獨尊　姤是遇合共生　剝是兩者的界面
　　（大過011110＋姤011111）

17. 復剝則頤：剝去長生不死的妄想　就得大活慧命的頤養　反之亦
　　然（復100000＋頤100001）

18. 屯剝則益：離開平衡與自旋的狀態便開始幫忙與感恩的狀態　反
　　之亦然（屯100010＋益100011）

19. 震剝則噬：共鳴心剝失便開始修正的心

　　噬剝則震：修正到盡頭便生共鳴之心（震100100＋噬100101）

20. 隨剝無妄：隨是有秩序的數列　無妄無秩序的亂數　剝是兩者的
　　界面（隨100110＋無妄100111）

21. 賁剝明夷：明夷是藏形於無形　賁是定形與美其形　兩者相剝
　　（明夷101000＋賁101001）

成語易經：用卦名創造成語的智慧

22. 濟剝家人：剝是完美與滿足的極致與微調　微調到了剝的極致就是家人的完美組合

調和與剝缺　滿足與結局　可以組合家人般的團隊（既濟101010+家人101011）

23. 豐離相剝：豐是不斷變大的1　離是無數原來的自己　兩者相剝

剝是不斷剝損的1　豐與剝相映（豐101100+離101101）

24. 革剝同人：變形與剝壞同質

革同互剝：剝是變形與化同相剝損的極致　是數學的拓璞學　也是異與同的最微小差（革101110+同人101111）

25. 臨剝則損：剝去臨台的壓力則重拾身心的輕簡

損剝則臨：簡化的心到了盡頭是明心淨性的臨（臨110000+損110001）

26. 節剝中孚：當節點與剝點同心　就是普天同慶　人神共歡的盛世（節110010+中孚110011=剝000001）

27. 睽歸互剝：歸妹是終歸於一　睽是終分為二　兩者互剝（歸妹110100+睽110101）

28. 兌剝則履：相談得到最終結論便是慎擇獨履

履剝則兌：獨履的最終點是心與神的對談（兌110110+履110111）

29. 剝也可以用積　一如累積了不食的結果就是最大的碩果（碩果不食）

累積了歲月智慧就是德高望重的耆老（君子得輿）

泰剝大畜：把一生的交易結語一句話　就是大富文明的工作

畜泰得剝：累積了順泰的一生就是圓滿的結局　是最高的剝（泰111000+大畜111001=剝000001）

30. 需剝小畜：人生在缺需與小畜之間微剝　若渴若足（需111010+
　　小畜111011）

31. 壯剝大有：剝去壯取之心則生容異之懷
　　有剝則壯：剝去容異之心則生壯取之貪　剝去求繁之心則得壯大
　　之氣（大壯111100+大有111101）

32. 夬剝為乾：夬與剝相錯　能無中生有　化有為無　就是百變的魔
　　法師（夬111110+乾111111）

成語易經：用卦名創造成語的智慧

2. 親比與統領（比=000010）

親比是一種萬物間的親和力
也是智慧間串連與類比的能力
是一種領導統合的能力　可以交朋友
可以結盟　組識共和甚至帝國

1. 以觀比剝：觀想可以引導結果　是心想事成的祕法
   以剝比觀：修道者用靜寂的心統領眾多的觀想

剝比成觀：用意義的剝點與比連的智慧　把靜寂的心導向大觀之心

剝的點與比的連線組成點線與方程式的大觀（剝000001+觀000011）

2. 萃豫成比：領導是安排萃體的位階並收服豫的無拘無束

以豫比萃：而無為而治的領導是在萃體下給個體最大的自由（豫000100+萃000110）

3. 以晉比否：標竿領導用大晉收服拒絕的眾人

以否比晉：逆境學習則用否定來顛覆自負自滿的眾生（晉000101+否000111）

4. 謙蹇成比：領袖的特質是謙愛的公平心與提供保護的能力

以謙比蹇：用謙卑公平心領導水深火熱（謙001000+蹇001010）

5. 艮漸相比：獨立的條件導演著漸遠的演化　漸遠的演化導演更新的獨立（艮001001+漸001011）

6. 小過比咸：注重細節帶領心領略多元的感性

咸比小過：感性讓心願意注重細節（小過001100+咸001110）

7. 以旅比遯：行旅之心帶領各種思退的計劃

以遯比旅：收割的心統領各種想像之旅（旅001101+遯001111）

8. 師比相坎：師比兩卦相坎　不是相反　而是多維的求勝法

是兼重實力與外交的多維政治學（師010000+坎010010）

9. 蒙渙成比：政治家要會用模糊與放任自由來統領大國（蒙010001+渙010011）

10. 解困為比：能困能解的鑰與匙是兵法　也是統御的政治學（解010100+困010110）

11. 訟比未濟：矛盾相爭是不滿足的領導學　政治是用不滿帶動相爭

成語易經：用卦名創造成語的智慧

利用矛盾期待未來（未濟010101+訟010111）

12. 升井為比：政治是給人升階的夢想　與養人的實力及人脈通路
（升011000+井011010）

13. 比之蠱巽：領導學是創造賽局而不參加淘汰　用最寬鬆的規則容
納最多的參賽者（蠱011001+巽011011）

14. 恆比大過：以安定守恆來領導不凡與超越（恆011100+大過
011110）

15. 以鼎比遘：領導是用一首詩的高度安撫一千年的人心　用一條高
鐵的創建讓一島共命（鼎011101+遘011111）

16. 以復比屯：同盟要能休復受傷的體制　要平衡動靜快慢的步伐
復屯為比：北斗星的統御學是讓星體不停地互繞（復100000+屯
100010）

17. 比之頤益：統領者要兼顧經濟大局與互助合作的部會（頤
100001+益100011）

18. 比之震隨：統領者共鳴於民意　也樂於跟隨多數　但更常製造共
鳴與震撼　也創造偶像跟隨（震100100+隨100110）

19. 比之噬妄：精確地用刑修錯是盡人事的管理　慈悲看待犯錯的眾
生是知天意的管理
最好的管理是知天意盡人事的管理（噬100101+無妄100111）

20. 夷比既濟：領導是口號與用晦相調和的藝術
既濟比夷：既濟是聖君的管理學　讓人民無知而溫飽　讓朝政水
火調和
比之夷濟：領導是養民所需不養紛擾的真相與八卦（明夷
101000+既濟101010）

21. 賁比家人：用一個說法領導一個團隊

賁家爲比：領導是既能組合團隊的能力加上可以說故事編說法的能力（賁101001＋家人101011）

22. 以豐比革：王者用豐大的光帶領民衆走向改革之路

以革比豐：革命家用改革帶領民族光榮的放大（豐101100＋革101110）

23. 以離比同：用複製繁衍來執行同化與統一

離同爲比：領導是親和力的繁衍與化敵爲友的操作（離101101＋同人101111）

24. 臨節互比：臨是君臨天下的表演　節是分節而接續的節目表　兩者互相導引

比之臨節：君王的兩個工作　一是占住唯一的權位　二是安排看不完的節目（臨110000＋節110010）

25. 損比中孚：簡化的管理導致堅定的相信　誠信的友誼簡化了管理的困難（損110001＋中孚1100）

26. 比之兌歸：領導是無數的相談與不斷產生的結論與共識（歸妹110100＋兌110110）

27. 睽履相比：耳目聰明可以領導擇道而前　前人的步履可以幫助智慧明辨（睽110101＋履110111）

28. 比之泰需：領導是交易的生意　還要激發大衆飢渴（泰111000＋需111010）

29. 大小畜比：領導不能只靠錢多　還靠會質變的靈感　不只是朋友多　還要死士多與組織精良

不只是學問多　還要辦法多與反應敏捷（大畜111001＋小畜111011）

30. 比夬大壯：領導不只是攻城略地　還是開創新局　最快的領導是

成語易經：用卦名創造成語的智慧

理直氣壯（大壯111100＋夬111110）

31. 比乾大有：領導是帝國的創建　是無中變有的魔法
是群龍無首吉　是以人民爲王　與神親比的萬有人生（大有
111101＋乾111111）

3. 大觀天地 （觀=OOOO11）

大觀是一種特別的生命

不是可見的肉體與有限的歲月

而是一種心法　可以貫穿古今　無聲無影

遨遊宇宙　變換有無　化同天地　與神交談

是心智思考與無限想像的生命

1. 剝比成觀：觀想的生命含有剝的微點與比的連結　觀宇宙的形成有二　剝點與比線（剝000001+比000010）

2. 以觀豫否：肉身的水深火熱可以用觀世界輕鬆渡過
   豫觀相否：輕浮的歡樂與深沉的觀想彼此否定（豫000100+否000111）

3. 晉萃成觀：觀有廣大知識的明亮　更有自己結晶的心得　是比一萬個太陽更亮的寶石（晉000101+萃000110）

4. 謙漸成觀：觀以上看下　以日累月　故能漸積其謙下而成大觀之海（謙001000+漸001011）

5. 觀之艮蹇：觀的特質是艮而不擾　蹇而不欺　故可絕俗　而大觀的生命又是無法限制與隔絕的生命（艮001001+蹇001010）

6. 觀遯小過：觀世界對別人是隱藏的　而對自己是心細如髮　而大觀之心對細節也刻意隱藏（小過001100+遯001111）

7. 觀之旅咸：觀是心的行遠　也是覺知的感微（旅001101+咸001110）

8. 師渙成觀：觀的養成自有其慣性　也有其自由閒散的飄逸（師010000+渙010011）

9. 觀蒙交坎：觀是看清世界的心　所以觀與蒙相坎　互為對方的困難（蒙010001+坎010010）

10. 訟解成觀：觀是無數的成見　所以與解卦互相矛盾
    觀容訟解：但是觀容忍許多矛盾　也貯藏許多解法
    大觀訟解：可訟可解的觀才是大觀（解010100+訟010111）

11. 觀困未濟：觀可以覺察困的現在與未濟的未來　更可穿梭兩者悠遊於現在未來　未濟010101+困010110）

12. 以觀升巽：觀的世界是升華的世界　是來世的眼　是想像力的無

邊界（升011000+巽011011）

13. 大觀蠱井：觀的擂台是相競爭的心智　觀世界的井不只是眼睛　還是思考與計算的心（蠱011001+井011010）

14. 觀姤為恆：小觀觀變　但大觀用法眼　可以看到碰撞遇合後的可長可久
觀恆成姤：觀能知新而惜舊　完成新舊的共生（恆011100+姤011111）

15. 觀鼎大過：觀的有機發展　兼有築鼎的求新與大過的求不凡
觀是一位大廚　用不凡的素材調理絕頂的美味（鼎011101+大過011110）

16. 復益為觀：觀的虛擬世界可以瞬間復原　也可不斷加值（復100000+益100011）

17. 頤屯成觀：每個人的觀世界都是一個生態　充滿因果的循環
而觀世界中的每一個念頭彼此盤旋而動靜平衡（頤100001+屯100010）

18. 觀震無妄：在觀的世界有震的節韻　也有無妄的機率或亂數　如心情的憂喜　如莫名的生氣
觀常震妄：無妄的觀是狂想　震的觀是三心二意　觀世界常徘徊在兩者之間（震100100+無妄100111）

19. 噬隨成觀：觀的世界能超越修正與跟隨　留在純欣賞與了解的高度
也能瞬間完成既修正又讚美的工作（噬100101+隨100110）

20. 家夷成觀：觀的本質是隱藏　是藏在深心中別人不知的家人
觀夷成家：觀而得知　觀藏未知　觀的雙性　得知與藏知是一家人（明夷101000+家人101011）

21. 貫濟成觀：觀可以說無數的故事　畫無數的圖並調和平衡之
　　在自己的故事與圖畫中得到最大的滿足（貫101001＋既濟
　　101010）

22. 豐觀同人：觀的放大鏡效果類同豐的放大
　　觀豐同人：觀喜歡化異為同　把別人的經驗化成自己的閱歷（豐
　　101100＋同人101111）

23. 離革成觀：觀的世界可以瞬間複製與變形　這是它強大運算能力
　　的基本（離101101＋革101110）

24. 臨觀中孚：臨是表演者　觀是觀眾　人生是同時當熱情的表演者
　　與歡呼的觀眾
　　大觀臨孚：偉大的觀可以深入表演者的內心　捕獲神人般的信認
　　（臨110000＋中孚110011）

25. 以觀損節：觀有一種神性　可以簡化複雜　製造節點　而讓人生
　　美得如一曲交響樂（損110001＋節110010）

26. 以觀歸履：觀可以運算未來的期待值 也可收納別人走過的路線
　　觀中有履：心路歷程決定人生的吉凶
　　觀中有歸：心不喜歡三心二意　而欣賞果決單一（歸妹110100＋
　　履110111）

27. 睽兌成觀：在觀的聯集中有兌的交集與睽的不交集
　　觀是創造虛擬的自我　與真實世界的我對立又相知（睽110101＋
　　兌110110）

28. 觀泰小畜：觀世界的生意比真實世界更旺盛　也更富小畜的靈感
　　與自我突變
　　觀世界與泰世界一虛一實　存在積與變的小畜關係（泰111000＋
　　小畜111011）

29. 觀需大畜：觀世界用大需的美好記憶讓心富可敵國（大畜111001+需111010）

30. 以觀乾壯：觀不喜歡動手打人　但可以在假想中懲凶除惡
觀壯爲乾：觀的正氣可以旋乾轉坤　泣鬼神而動天地　觀的致遠與壯的進取是高深的魔法　讓心如詩如畫（大壯111100+乾111111）

31. 觀夬大有：觀的宇宙說多大就多大　可以納天地之始終　是一切資訊的總合
開元創教　無所不能　觀是心與靈界的相通（大有111101+夬111110）

成語易經：用卦名創造成語的智慧

4. 順動與易行（豫=000100）

萬物在自然中順動　往容易的方向行進

心在自由中狂想　在歡樂中奔馳

在無拘無束時跳躍飛翔　任意製造個性與誤差

而政治上的順動易行就是太平盛世

1. 豫剝成晉：標準是誤差變動後的最終值　也是自由自在的結束
   （剝000001+晉000101）
2. 以豫比萃：用順其自然的類聚與領導建立精密的秩序

豫比以萃：無爲而治的領導要用精準的制度與安排角色位置（比000010+萃000110）

3. 以豫觀否：輕鬆地觀　樂觀地看待拒絕與逆境（觀000011+否000111）

4. 豫謙小過：輕鬆行動的細節在謙虛心　謙虛的實踐在不離喜樂（謙001000+小過001100）

5. 艮旅由豫：豫易之心常安於孤獨　並樂於方便與美好之旅（艮001001+旅001101）

6. 咸以豫蹇：蹇是保護我們的皮膚　咸是皮膚上敏銳的覺知
豫是用最敏銳的覺知來簡化皮膚的保護（蹇001010+咸001110）

7. 漸遯爲豫：漸進的演化很辛苦　遯去漸演的心可重獲輕豫之心
以漸豫遯：漸進之兵可豫進可速退　是善兵之行（漸001011+遯001111）

8. 師豫互解：豫是紀律的解放　訓練也是閒散心的解藥（師010000+解010100）

9. 豫蒙未濟：豫是不求甚解的心　也是盲目於缺失而自在的行動（蒙010001+未濟010101）

10. 豫困交坎：豫是是受困時的垂直思考　也是受阻時的自我約束（坎010010+困010110）

11. 渙訟成豫：稀釋後的矛盾相爭是各自求取歡樂（渙010011+訟010111）

12. 升恆爲豫：誤差是升華後的恆常　是心的一念之差（升011000+恆011100）

13. 蠱鼎求豫：比賽中的求勝與文明的求新都以容易爲依歸（蠱011001+鼎011101）

14. 井豫大過：通深與順行彼此超越　互爲不凡（井011010+大過011110）

15. 巽逅成豫：快樂行於寬鬆相容與共生相安　馴化的心與人神共生是最簡單的確幸（巽011011+逅011111）

16. 復豫相震：豫動與還原是相震的波（復100000+震100100）

17. 豫兼頤噬：豫是太平盛世　兼有大養的百業與清明的刑制（頤100001+噬100101）

18. 豫兼屯隨：豫是自然　是偶然安然　既相隨又盤旋（屯100010+隨100110）

19. 豫益無妄：豫是以人心的誤差加大天意的無常　用人的歡樂與天賜的幸運相祝福（益100011+無妄100111）

20. 豐豫明夷：放大是最輕鬆的騙局　是障眼法（明夷101000+豐101100）

21. 豫賁相離：定形的美與放浪的偶然相映（賁101001+離101101）

22. 豫革既濟：輕快是雲豹般速變的本質　也是·生不追求滿足調適的習慣（既濟101010+革101110）

23. 豫家同人：最容易的方法與最美麗的組合間存在化同的關係
　　豫同家人：最容易的天下大同是以家人之心認同眾生（家人101011+同人101111）

24. 豫臨歸妹：重實的登臨現在換來輕快美麗的未來（臨110000+歸妹110100）

25. 豫之損睽：輕快的心來自簡化斤斤計較的習慣（損110001+睽110101）

26. 節兌爲豫：分節與對談讓兩顆心輕快相悅（節110010+兌110110）

27. 中孚豫履：與神同心讓選擇人生大道變得容易（中孚110011+履110111）

28. 泰豫大壯：熱絡的生意與輕快的心情等於最壯擴的實力（泰111000+大壯111100）

29. 畜豫大有：強大的記憶力讓心輕快而豐富（大畜111001+大有111101）

30. 豫之需夬：豫的自然來自為需要而果決行動（需111010+夬111110）

31. 豫乾小畜：自然輕鬆與自強不息間存在突變與靈感的關係（小畜111011+乾111111）

5. 大明天地（晉=000101）

暗讓我們看清萬物的形相

太陽的升與沉帶來晝夜的變化

天的由暗而明類比心的無知變有知　萬物的無相變有相

用光照亮這個世界　讓眾生安心活在光明的世界

就是大明天地

1. 剝豫為晉：知識的標準包含結論與變數　不安的初始與最終的完
   整（剝000001＋豫000100）

2. 比否爲晉：知性的肯定來自貫穿所有可能的否定（比000010＋否000111）

3. 晉之觀萃：知性的進階來自最遠的觀察與最密實的整理（觀000011＋萃000110）

4. 晉謙爲旅：光明的用謙就是善知識的行遠傳道（謙001000＋旅001101）

5. 晉艮小過：光明可以普照眾生　也可藏心自安　更可知微見性（艮001001＋小過001100）

6. 晉蹇而遯：發光之後還要會收光　光明的自我保護是隱藏（蹇001010＋遯001111）

7. 晉漸而咸：發光不宜太耀　漸進的知性可以展現溫柔感性（漸001011＋咸001110）

8. 晉師未濟：晉的理想與師的實力需要永不知足地修練（師010000＋未濟010101）

9. 晉蒙相解：光明與蒙蔽是彼此的解答　真理與糊塗也是（蒙010001＋解010100）

10. 晉訟相坎：公認的標準與相爭的矛盾是不同維度的運算（坎010010＋訟010111）

11. 晉渙相困：火的高掛與水的泛濫是互困的兩端
    渙困爲晉：知識的本質要有困的界定與渙的自由想像（渙010011＋困010110）

12. 鼎升爲晉：個別的文明再升華是普世的全知
    晉升爲鼎：知識的再升華是助人幸福的文明（升011000＋鼎011101）

13. 恆蠱爲晉：知性的生命需要長久自我的汰弱留強（蠱011001＋恆

成語易經：用卦名創造成語的智慧

011100）

14. 晉井相逅：知性的生命與相知的通路建構了用心共生的我們（井011010+逅011111）

15. 晉巽大過：晉是知的總合　是媒體匯集新聞八卦的世界　新聞含有大過的消息　巽是胡說八道（巽011011+大過011110）

16. 晉復噬嗑：知識讓人發現本性而免於犯錯（復100000+噬100101）

17. 晉頤相震：個人的知識與大生態的全知是相震共鳴的兩端
震頤為晉：從光的波動到循環的萬物都是知性的世界
晉之頤震：知性中的真與幻藏著奧秘的循環與波動（頤100001+震100100）

18. 晉妄相屯：已知與未知是心中永恆盤旋的日與月（屯100010+無妄100111）

19. 以晉益隨：知性的高度可以加值跟隨的喜悅
晉隨相益：巨星的光芒與跟隨的粉絲是互相加值的人生（益100011+隨100111）

20. 晉離明夷：用藏與用顯兩個世界相映更美（明夷101000+離101101）

21. 賁豐而晉：晉是有邊的形與無邊的光組合的萬相（賁101001+豐101100）

22. 晉同既濟：讓人看得見與讓人同意組成心的滿足與調和（既濟101010+同人101111）

23. 晉革家人：知性的日新月異來自勤快的組合與拆除（家人101011+革101110）

24. 臨晉為睽：知性的實踐要明辨是非善惡　創造更多的二元相對

（臨110000＋睽110101）

25. 損晉歸妹：知性的簡化要朝更輕更遠的未來（損110001＋歸妹110100）

26. 節晉成履：晉是書名與主題　加入章節後變成曲折離奇的命運故事（節110010＋履110111）

27. 晉兌中孚：晉是相談後的共識　是兩顆心的相擁抱（中孚110011＋兌110110）

28. 晉泰大有：晉是唯一的標準　大有是百家爭鳴　兩者造成心思最旺盛的交換

大有晉泰：每個人都是自己的標準　正是最多元容異的大有世界（泰111000＋大有111101）

29. 以晉畜壯：晉是一句座右銘　可以大積人生的壯闊（大畜111001＋大壯111100）

30. 以晉乾需：晉是燃燒自己　為蒼生點燈　為萬世立光明（需111010＋乾111111）

31. 晉夬小畜：一片知識可以觸發無數靈感 一片靈感可以觸發無數知識（小畜111011＋夬111110）

6. 聚實與精純（萃=000110）

萬物的形成先聚實再精純
市集的形成先聚多再整理出秩序
心的思考先聚焦再精熟
鑽石的形成先聚再精叫結晶

1. 否剝爲萃：事物不會剝壞的本質就是萃　像金剛鑽一樣
   剝否爲萃：否世界剝壞後是萃 像花草聚集的春天（剝000001+否
   000111）
2. 萃之比豫：牢固的社會體制兼有領導的一貫與允許的豫差
   豫比得萃：遊走的心念用比連結後形成一個晶鑽般的單字或成語

（比000010+豫000100）

3. 觀晉成萃：無形的觀想與有形知識終將聚萃成一家的學說（觀000011+晉000101）

4. 謙咸成萃：結晶體的形成兼有聚廣與感微兩種特質（謙001000+咸001110）

5. 遯艮成萃：萃是聚多的世界　是孤獨世界的退隱（艮001001+遯001111）

6. 萃蹇小過：幸福是聚集在大河邊每天小心過日子的百姓（蹇001010+小過001100）

7. 漸旅為萃：萃是長遠思考與溫柔推演後的心得（漸001011+旅001101）

8. 困師而萃：用困強化緊實　用師強化純一　萃是求精純的兵法（師010000+困010110）

9. 訟蒙得萃：排斥了蒙蔽模糊可得萃的晶瑩剔透（蒙010001+訟010111）

10. 萃解相坎：解是溶化崩解 與萃的結晶聚實是相坎的能量
    以萃解坎：萃是金剛的心法　用平行的堆疊解除坎險的心法（坎010010+解010100）

11. 渙萃未濟：渙的逍遙與萃的精純是彼此的未來心（渙010011+未濟010101）

12. 萃升大過：升華與萃實是彼此的極端（升011000+大過011110）

13. 萃蠱共逅：競爭與類聚形成我們共生的體制
    逅蠱為萃：萬物會形成一種既共生又淘汰的秩序　像金剛鑽一樣堅定（蠱011001+逅011111）

14. 恆井為萃：金剛之心的本質是守恆與通透（井011010+恆

成語易經 ：用卦名創造成語的智慧

011100）

15. 巽鼎成萃：空間的求寬與時間的求新可以修練心的求精（巽
    011011+011101鼎）

16. 復隨為萃：萃是不斷重復與跟隨 是事物最安定的排列（復
    100000+隨100110）

17. 萃頤無妄：在大循環的生態 最亂才是最大的安定（頤100001+無
    妄100111）

18. 屯震為萃：屯的流動與萃的凝固是相震的二相
    萃屯為震：萃是減維的心 把三維的盤旋化同成二維的波
    萃而屯震：在書法的世界 屯是遒勁 震是氣韻 萃是形位 是
    三種寫好字的能量（屯100010+震100100）

19. 萃益噬嗑：萃是同時聚多與去除雜質的合體（益100011+噬嗑
    100101）

20. 萃革明夷：成形與變形間有相藏的關係
    夷萃成革：將舊惡夷滅再將新善成形 就是革舊佈新（明夷
    101000+革101110）

21. 萃賁同人：萃的定位與賁的定形可以化同彼此（賁101001+同人
    101111）

22. 萃豐既濟：不斷放大與收斂是可完美調和的心智（既濟101010+
    豐101100）

23. 萃離家人：家人是最美的組合 萃是最精純的結晶 兩者人相映
    （家人101011+離101101）

24. 臨兌成萃：萃是無數表演與相談後留下的精華集（臨110000+兌
    110110）

25. 損履成萃：履是選擇後的唯一 萃是千錘百鍊後的最簡與唯一

（損110001＋履110111）

26. 萃節歸妹：萃是整理後的易經　易卦的精簡運算可以預測命運的未來（節110010＋歸妹110100）

27. 萃睽中孚：萃的內聚與中孚的外擴相對立（中孚110011＋睽110101）

28. 萃夬交泰：萃是安定的晶格　與夬的爆發是最大的交換（泰111000＋夬111110）

29. 萃乾大畜：萃是純化　與大畜的納富彼此逆反　明心見性與富可敵國是相逆的修為（大畜111001＋乾111111）

30. 萃壯相需：萃的安定與壯的進取是相需相缺的特質（需111010＋大壯111100）

31. 萃畜大有：精純與多元是彼此的突變（小畜111011＋大有111101）

7. 否定與滅空（否=000111）

肯定與確定的相反是否定

萬物的否定是空無與滅亡

是生命的逆境與天地不交的絕境

否卦是個凶卦　但否卦的能量也有自我反轉的妙用

譬如否極泰來　否傾則萬物生

否卦也是一個青春永駐的卦　因爲否像冰凍中的細胞

或是嚴寒下的孢子　可以渡過悠悠的歲月再甦醒

1. 剝萃成否：剝壞的聚多就形成否的逆境

　　否之萃剝：五蘊皆空的否空　此剝而彼萃　是登彼岸心經大法

（剝000001＋萃000110）

2. 以否比晉：無相否空的心法可以領導智慧悟道（比000010＋晉000101）

3. 否觀而豫：用否空的心法自觀　才能得到由豫的身心（觀000011＋豫000100）

4. 以謙遯否：在否境用看空自己的用謙之道　正是退否與豐收的方法（謙001000＋遯001111）

5. 艮咸成否：把覺知與感性隔絕後就形成生命的否空（艮001001＋咸001110）

6. 蹇旅相否：蹇阻與行遠的人生彼此否定（蹇001010＋旅001101）

7. 以漸過否：逆境中生命用最慢的演化展現基因不滅的過程（漸001011＋小過001100）

8. 師否相訟：嚴格訓練與放空人生是相矛盾的人生觀（師010000＋訟010111）

9. 以蒙困否：用看不清楚的智慧限制逆境的延伸
   否之困蒙：心的否境就是看不清真相與自我設困
   以困否蒙：用困的清楚界定否定了蒙的不清楚（蒙010001＋困010110）

10. 否坎未濟：否定之心與不足之心是最爲難自己的心靈　心的否境先爲難自己再貪得無饜（坎010010＋未濟010101）

11. 否之渙解：渙散又崩解可以產生否境
    以渙解否：渙是逍遙的心　可以解開否境
    以解渙否：解是原諒的心　也可消散否境（渙010011＋解010100）

12. 升否爲姤：否境的升華就是與強敵的共生　用委曲求全來存活

（升011000＋迉011111）

13. 否蠱大過：人生的否境是替自己設下無止境的賽局與紀錄（蠱011001＋大過011110）

14. 否井而鼎：在否境中的通深之路可以帶領日後的文明創新（井011010＋鼎011101）

15. 否之巽恆：否的養生像孢子　用鬆軟的身心來守恆（巽011011＋恆011100）

16. 否復無妄：否是嚴冬　復是深埋的孢子　無妄是難測的春訊　也是必然的四季（復100000＋無妄100111）

17. 頤隨相否：頤是顛倒而繞圓　隨是有次序的跟隨　兩者相否定（頤100001＋隨100110）

18. 屯噬成否：天體的裂解自然是大大的否境（屯100010＋噬100101）

19. 益否相震：心的萬念在幫助與拒絕間波動不停（益100011＋震100100）

20. 否同明夷：否是用冰凍來保全生機 和明夷的用黑暗保全光明化同
夷否同人：將否定的心藏起來就是化同與認同（明夷101000＋同人101111）

21. 賁革相否：賁是定形　革是除舊與變形　兩者相否定（賁101001＋革101110）

22. 否離既濟：調和的生命力是既能冬眠也能迅速繁殖（既濟101010＋離101101）

23. 豐否家人：一人的光芒四射否定了家人的團隊精神（家人101011＋豐101100）

24. 臨否為履：親近否逆之境終能走出自己的正道（臨110000＋履

1101111）

25. 否之損兌：處否逆之道卽求至簡至精　如孢子一般（損110001+
兌110110）

26. 睽節成否：否是拒絕快樂分節　是遠離節韻的生命（節110010+
睽110101）

27. 以否歸孚：投入空門與歸依我佛都是用否　否定俗世的價值　擁
抱靈界的信仰（中孚110011+歸妹110100）

28. 泰否相乾：泰是過熱的生意　否是過冷的嚴寒　兩者相逆（泰
111000+乾111111）

29. 夬否大畜：啟動未來與記錄過去相否定（大畜111001+夬
111110）

30. 需否大有：否定了缺需製造了大有多元（需111010+大有
111101）

31. 以畜否壯：用小康的確幸否定大壯的爭伐（小畜111011+大壯
111100）

8. 兼顧與空懷 (謙=OO1OOO)

兼顧是將心比心的雙方　空懷是放空執念的心　都是謙卦
一顆謙虛的心有一種無形的高度
把眾生抬高而能看更遠的未來
謙道是求低求均求公平的道　兼愛天下　敬愛神明　廣納百川

1. 剝艮為謙：自私心的剝壞就是兼顧彼此利益的謙道（剝000001+
   艮001001）
2. 以謙比蹇：謙道是看空阻擋與危險　化成順流與親比的河
   比蹇為謙：謙道是對蒼生的領導與保護（比000010+蹇001010）
3. 觀漸為謙：謙道是兼顧溫柔演進與靜遠觀察
   觀謙相漸：觀道尚遠 謙道尚低平　兩者相漸相演（觀000011+漸

001011）

4. 謙豫小過：謙道是兼顧簡順與細節的行動　兼有低下與順動是最
小的超過（豫000100+小過001100）

5. 謙之晉旅：謙道用安住讚美光明　也用光明普照人生的過客（晉
000101+旅001101）

6. 謙之萃咸：謙道用感動的心事把人生變成璀燦的寶石　也用純化
的心感動衆生

謙有萃咸：謙道中有萃的秩序井然　也有咸的敏銳多情（萃
000110+咸001110）

7. 謙之否遯：謙道是放空自己的逆境而甘於退隱的生活
也兼用知退與否定來求衆生的平等（否000111+遯001111）

8. 謙師而升：謙道是不斷地訓練自己來提升善良（師010000+升
011000）

9. 謙兼蒙蠱：謙道是兼有糊塗與鬥志的人生（蒙010001+011001
蠱）

10. 以謙井坎：謙道是在打結的路口慢下來　停聽看　然後井然通過
是將心比心後化坎爲井的智慧（坎010010+井011010）

11. 渙巽爲謙：謙道是兼顧別人的自由與用柔軟接受命運的撞擊（渙
010011+巽011011）

12. 恆解爲謙：謙道是恆久原諒的心　是兼有解開與持久的美德（解
010100+恆011100）

13. 未濟鼎謙：謙道是不自滿與賣力創新　是兼有鼎的高度與未濟的
抱負（未濟010101+鼎011101）

14. 謙困大過：謙道是把高傲封閉起來　是兼有超越與受界的胸懷
（困010110+大過011110）

15. 以謙逅訟：謙道是願意與矛盾對立的人們相共生　是兼有據理相
爭與共生圓滿的智慧
謙逅相訟：謙是海納百川　逅是與天使相遇合　入海與登天相訟
（訟010111+逅011111）

16. 謙復明夷：謙道兼有初心的天眞與守秘的責任感
謙卑不是自卑　是不再隱藏羞恥　不再自卑地面對自己（復
100000+明夷101000）

17. 以謙賁頤：謙道是替眾生而生　爲他們說一個美麗的小故事（頤
100001+賁101001）

18. 謙屯既濟：謙道是用盤旋的方式調和進退與動靜（屯100010+既
濟101010）

19. 謙益家人：謙道與利他心是完美人生的組合（益100011+家人
101011）

20. 謙以震豐：謙道不浮誇放大自己　卻可震懾驕傲的心（震
100100+豐101100）

21. 謙離噬嗑：謙道慈悲 故遠離刑錯的嚴厲
離噬爲謙：謙道是修己錯而映他人之美善（噬100101+離
101101）

22. 隨革爲謙：謙道堅隨神明　也勇於除己之舊
謙有隨革：謙道兼有隨序與輕變的美德（隨100110+革101110）

23. 謙同無妄：謙道接受無常　視蒼生爲同　兼有化常與化同的胸懷
（無妄100111+同人101111）

24. 謙臨交泰：謙道助人登台 以建構盛世與泰爲己任（臨110000+泰
111000）

25. 損謙大畜：謙道爲蒼生自簡　以低而納百川　終成天下富（損

110001+大畜111001）

26. 節需爲謙：謙道節約己用　心存別人的需要（節110010+需111010）

27. 謙畜中孚：謙道兼有最悠遠的信與最微的積德心（中孚110011+小畜111011）

28. 謙歸大壯：謙道捨所愛而歸妹遠方　以天下爲己任　故正氣大壯（歸妹110100+大壯111100）

29. 謙睽大有：謙道不求分別心 尚儉不求多元
謙道是把睽的對立化成豐富的大有（睽110101+大有111101）

30. 以謙夬兌：謙道將心比心 快速啟動誠心的相談（兌110110+夬111110）

31. 謙履爲乾：謙道終日乾乾　爲天下蒼生而自強不息　故履帝位而不疚（履110111+乾111111）

9. 隔絕與相安（艮001001）

雞馬狗貓與人共生　但不雜交　因爲物種不同　基因無法融合
即是隔絕
人與人可以相愛相恨　但多數人與我們相安
萬物相安而各自獨立求活　像重山有各自的山頭
可以並存於世

1. 剝謙爲艮：謙道的剝壞卽是隔絕心的開始（剝000001+謙
   001000）
2. 以漸比艮：用最慢的漸進來引導隔絕的雙方向前
   漸之比艮：結盟是獨立的演進　獨立也是結盟的進化（比
   000010+漸001011）

3. 觀蹇成艮：蹇是近身的阻隔　觀是默觀不前　兩者形成艮是遠離
與阻隔
觀察身邊的險阻可以找到長久相安的方法（觀000011＋蹇
001010）

4. 豫旅爲艮：艮是相安的過客　人生在漫無目的與有計劃行遠之間
相安而過
以艮豫旅：相安的心製造個人的順動　也促成人生之遠旅（豫
000100＋旅001101）

5. 艮過得晉：艮安的心在無數細節中找到智慧的太陽
過晉艮來：艮安是一種相安的距離　是介於高高的太陽與身邊的
事物間的距離（晉000101＋小過001100）

6. 以艮遯萃：艮是不相約的質數 是在天地中被隱藏著的寶石
也用絕情來退藏心中最閃亮的晶鑽
萃遯艮來：相安是相聚與相隱之間的距離（萃000110＋遯
001111）

7. 否艮得咸：否定了隔絕就生感性的生命
以否艮咸：心用拒絕與否定讓感性更顯孤高（否000111＋咸
001110）

8. 師蠱得艮：艮是珍貴的獨立與界限　是無數兵法與比賽所贏來的
強大的實力與明白的賽規可以取得到獨立與相安的和平
艮師以蠱：隔絕兵災改用一對一的競賽（師010000＋蠱011001）

9. 蒙升爲艮：蒙的看不清楚與不停的問答　升華後是艮的不問不答
與自知之明（蒙010001＋升011000）

10. 艮巽交坎：艮是維持平行不交的線　稍有鬆懈即成交坎的線
活在自己的界限與無限延伸容量是生命相垂直的維度（坎

010010+巽011011）

11. 渙井相艮：渙是氾濫的河　井是重見天日的水　井水不犯河水（渙010011+井011010）

12. 艮之解鼎：相安的萬物用自由解放與集結創新各建文明（解010100+鼎011101）

13. 未濟恆艮：未知的未來兼有永恆與相安的特質

水火不相濟恆等艮的不相往來與隔絕

艮恆未濟：用隔絕的心守護著長久的不足 如此與命運相安相守

恆艮未濟：一種守常的心艮安了萬種未來不足的挑戰（未濟010101+恆011100）

14. 困艮安艮：獨立自主的艮是圍住自己同時與願意自圍的人們相安而共生（困010110+011111艮）

15. 大過訟艮：安艮是極端的矛盾後 發展出各自合宜的生態

艮訟大過：超越與不凡的心與相安自限的心相矛盾（訟010111+大過011110）

16. 艮絕復賁：艮是拒絕還原到初態　也拒絕定形終論

還原與定形是兩種相艮絕的美學觀（復100000+賁101001）

17. 艮頤明夷：頤是生態的循環鏈　艮是孤獨的生命　兩者相藏

三卦道盡相藏與相養相安的萬千世道（頤100001+明夷101000）

18. 艮屯家人：相安的行星們是家人　都繞著太陽盤旋　要非常小心走在獨立的航線上

家人的相惜要兼顧個人的獨立性與相互的盤旋互動關係（屯100010+家人101011）

19. 艮益既濟：相安下的互相幫忙　帶來既濟的皆大歡喜

安於自己的界限可以加值滿足心（益100011+既濟101010）

20. 艮震相離：相安與共鳴的人生相輝映　絕對的安分與絕對的波盪是鏡像的自己（震100100+離101101）

21. 以艮噬豐：相安的心可以修正豐大的盲目（噬100101+豐101100）

22. 艮隨同人：人間的相安與人神的相隨是化同世界的動能
心的絕情中有強大的隨己　相隨的目標決定後等同艮絕其它的目標（隨100110+同人101111）

23. 以艮革妄：用相安與隔絕來去除無常的恐懼（無妄100111+革101110）

24. 臨艮大畜：君臨天下與獨善其身間藏著人類歷史　大富始於表演臨衆成於絕弊隔害
以艮臨畜：用孤高的專利權實踐大富的人生（臨110000+大畜111001）

25. 艮損爲泰：隔絕貪損之心可成泰旺之世　減損了隔絕心就成了泰旺的交換心
損泰爲艮：最簡單的健泰是守己相安（損110001+泰111000）

26. 艮節小畜：相安守己與用節求甘是小畜的確幸
用艮與用節存在小畜積多而質變的性質　相安變共節慶　節縮變自在（節110010+小畜111011）

27. 艮需中孚：相安與相需之間是相擁的互信　安全與需要是普世的信仰（中孚110011+需111010）

28. 歸有相艮：大歸於一　與多元博多的智慧彼此相安（歸妹110100+大有111101）

29. 以艮睽壯：用相安的心與攻取的心相分別（睽110101+大壯111100）

成語易經：用卦名創造成語的智慧

30. 艮兌爲乾：讓自己與自己對談　讓自強的乾與相安的艮相知相談
　　（兌110110+乾111111）
31. 以艮夬履：用獨立思考開啟獨一無二的命運
　　夬履爲艮：果決走自己的大道　一生與自己的選擇相安（履
　　110111+夬111110）

10. 阻隔與保護 (蹇= OO1O1O)

困難與危險像一條洶湧的大河　阻隔我們前進
也保護我們不被對岸的敵人侵略
生命需要時時的保護　我們用皮膚　用衣服　用盾　用房舍
用城堡　用護城河來保護生命
強大的保護會聚集眾多的生命
強大的困難會聚集眾多的研究與幫忙
都是蹇卦化阻隔為保護的能量

1. 漸剝而蹇生：演化剝壞了蹇難就出現
   剝蹇相漸：生命不斷演化出各種保護不被剝壞的方法　而剝壞如
   果是細菌　它也演化增強它的剝壞（剝000001+漸001011）

2. 以蹇比謙：一條難渡的大河也是引導眾生謙虛相待的母親河（比000010+謙001000）

3. 艮觀得蹇：用遠觀與無情可以製造保護的距離

   以艮蹇觀：無情的心可以保護正確的觀察　多情則生偏私

   大觀蹇艮：大觀的心不擾動受觀者　也可以保護獨立相安的人生

   （觀000011+艮001001）

4. 以咸蹇豫：咸是敏銳感性　可以保護自由的身心（豫000100+咸001110）

5. 晉遯相蹇：求名與求隱的心相蹇阻　也相保護（晉000101+遯001111）

6. 蹇萃小過：蹇阻加速心的萃集並發現美好的細節（萃000110+小過001100）

7. 否旅爲蹇：旅的否定就是阻隔　逆境的旅就是沿著危險邊緣生活（否000111+旅001101）

8. 井蹇成師：練兵需要養生通路與保護的計劃（師010000+井011010）

9. 蒙巽成蹇：讓人看不清與折不斷可以保護生命周全（蒙010001+巽011011）

10. 坎升成蹇：增加交錯的維度可以製造蹇阻來保護生命（坎010010+升011000）

11. 渙蹇相蠱：渙是擴散的病毒 蹇是免疫力 蠱是作戰的身體（渙010011+蠱011001）

12. 蹇解大過：能化蹇爲解的人定是不凡的英雄（解010100+大過011110）

13. 蹇遘未濟：阻隔與遇合構成無窮未知的故事（未濟010100+遘

011111）

14. 困恆爲蹇：自困與固執形成蹇的慣性（困010110+恆011100）

15. 以訟蹇鼎：用法律公平的相訟來保護文明的創新（訟010111+鼎011101）

16. 蹇復既濟：在共蹇共業的壓力下人心復原了滿足與調和（復100000+既濟101010）

17. 蹇頤家人：共蹇的環境可以培養家人般的親情

    家人頤蹇：家人的最美也是最大鴻溝的來源（頤100001+家人101011）

18. 屯蹇明夷：以屯藏蹇　以蹇藏屯　盤旋是在蹇阻下的生活　蹇居是在護城河邊的盤旋

    明夷蹇屯：藏明可以保護生命的盤旋（屯100010+明夷101000）

19. 以蹇益賁：用蹇阻來加值人生的美麗（益100011+賁101001）

20. 蹇革相震：蹇是防衛的盾　革是斬頭的刀　兩者相震（震100100+革101110）

21. 噬蹇得同：蹇是咬不碎的骨頭　咀嚼後沒有骨頭的美食是化同萬物的營養（噬100101+同人101111）

22. 隨蹇得豐：跟隨蹇的指引可以放大大河文明的美好（隨100110+豐101100）

23. 蹇離無妄：臨蹇而安　無妄有常　兩者相映離（無妄100111+離101101）

24. 臨蹇得需：靠近蹇難的過程會發現生命的大需

    臨需得蹇：靠近生命的大需會發現最美的蹇難（臨110000+需111010）

25. 蹇損小畜：蹇阻的經驗會激發心智的突變　找到簡單出蹇的方法

成語易經：用卦名創造成語的智慧

（損110001+小畜111011）

26. 節蹇爲泰：分節後的蹇阻可以成就泰的生意旺盛（節110010+泰
111000）

27. 以蹇畜孚：在共蹇共業下累積廣大而虔誠的信仰（中孚110011+
大畜111001）

28. 以蹇夬歸：在重大蹇阻前會生果決心與歸遠的智慧（歸妹
110100+夬111110）

29. 以蹇睽乾：最大的蹇難可以診斷最強的乾剛
睽蹇成乾：睽離與蹇護是相抗逆的能量（睽110101+乾111111）

30. 蹇壯相兌：蹇的保護與大壯的攻伐是可以相談的對手（兌
110110+大壯111100）

31. 蹇履大有：走困難的路可以收獲大有的人生
大有蹇履：什麼都愛的貪念增加了命運的困難（履110111+大有
111101）

11. 演化與發展 （漸=001011）

物種用演化發展出各種合適的功能來存活於環境

故事用演化發展出有趣的情節來吸引讀者

文明用演化發展各種驚人的成就

演化是用冒險求取更好的安定 用安定準備更大的冒險

1. 蹇剝而漸：阻隔的剝壞促成了演化（剝000001+蹇001010）
2. 比艮相漸：比是連盟　艮是隔絕與獨立　兩者相演化（比000010+艮001001）
3. 謙觀得漸：謙而安下　觀而思遠　以安求遠即為漸進演化（觀000011+謙001000）
4. 漸豫而遯：演化中的自由順動包括退化與豐收

成語易經：用卦名創造成語的智慧

豫之遯漸：退化也是一種演化　像腳的退化換來翅膀的進化

漸有豫遯：演化的進或退是生命自由順動的趨性　包括以退爲進
（豫000100+遯001111）

5. 晉咸爲漸：知性與感性的生命都是演化的產物（晉000101+咸001110）

6. 萃旅爲漸：萃的安定與旅的行遠正是演化的靜勢與動能（萃000110+旅001101）

7. 過否爲漸：心在否定的糾纏中發展出全新的細節　正是智慧的進化（否000111+小過001100）

8. 師巽相漸：漸是用最嚴標準行最鬆延展　也用最寬的試驗完成最化一的結果（師010000+巽011011）

9. 蒙井相漸：看不清楚會演化出各種理解的通路　太多的通路會演化出蒙蔽（蒙010001+井011010）

10. 漸蠱交坎：蠱是始亂終治　漸是始治終亂　彼此相坎交錯（坎010010+蠱011001）

11. 渙升相漸：渙成群　升求空　彼此演化（渙010011+升011000）

12. 漸之解逅：漸是或解散或遇合的演化（解010100+逅011111）

13. 未濟漸大過：小時候的不足會演化成長大後的超過

過漸未濟：超越記錄與緩慢演化會走上一個不歸路（未濟010101+大過011110）

14. 以困漸鼎：受困的環境會演化出創新的能量（困010110+鼎011101）

15. 以漸訟恆：演化的創新排斥僵化的恆常

以訟漸恆：矛盾的思考衝撞後會演化出恆久的眞理（訟010111+恆011100）

16. 漸復家人：演化是不斷重復的組合美麗（復100000+家人
    101011）

17. 漸頤既濟：演化中的大生態在互養中調和它的圓滿（頤100001+
    既濟101010）

18. 屯有漸賁：盤旋中的萬物總在演化與定形間維持最美的平衡（屯
    100010+賁101001）

19. 漸益相夷：演化藏著生命的加值 利他藏著利己的演化
    明夷益漸：藏真可以加值人生演化的樂趣（益100011+明夷
    101000）

20. 漸震同人：漸的演化來回於安定與冒險 故與震化同（震
    100100+同人101111）

21. 噬革成漸：修正革變的速度可以改善演化的成果
    噬漸成革：小時受到過多糾正 長大會演化愛改變現狀或偏離正
    統的習慣（噬100101+革101110）

22. 隨離相漸：跟隨別人與複製自己之間互相演化（隨100110+離
    101101）

23. 無妄漸豐：小時不安定的環境 長大會演化出誇大不實的特質
    （無妄100111+豐101100）

24. 臨漸小畜：小畜是累積與突變的演化 是萬物演化的實踐（臨
    110000+小畜111011）

25. 損需為漸：化簡或化需都是心的演化 簡化缺需是修道般的進化
    （損110001+需111010）

26. 漸節大畜：人類歷史在用節的高妙中進化
    節漸大畜：分節記事的習慣 長大會演化出強大的組織與記憶力
    （節110010+大畜111001）

成語易經：用卦名創造成語的智慧

27. 漸泰中孚：進化的生命與健康的身心同心相擁
中孚漸泰：禱告的習慣 長大會演化出樂於交換作生意的特質（中孚110011+泰111000）

28. 漸歸爲乾：戀愛的漸進與願意依歸的過程藏著勝天不屈撓的特性（歸妹110100+乾111111）

29. 以漸睽夬：漸是最慢的演化 夬是最快的啟動 兩者相分別
睽漸成夬：明辨的二元智慧會進化成果決啟動的個性（睽110101+夬111110）

30. 兌漸大有：兌的演化是精誠 大有的演化是博大 精與博互相演化
知心對談的經驗 長大會發展出多元博大的心胸（兌110110+大有111101）

31. 履漸大壯：獨立選擇的環境 長大會演化出創業進取的特質（履110111+大壯111100）

12. 細節與糾纏（小過=OO11OO）

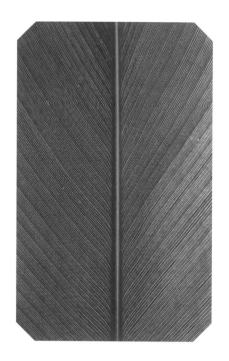

細節裡的世界和銀河一樣大　只要我們願意仔細去探索
時間的最小是剎那　空間的最小是須彌芥子　都是小過
最小的經過
有時因爲太小了　看起來像沒有動 像在原點上糾纏不清
所以事物的細節　時空的糾纏　就是小過

1. 剝旅小過：在剝點上行遠　糾纏在微末細節處　就是小過（剝 000001+旅001101）
2. 比咸小過：用微感的心比連這個世界　統領它們的細節　就是小

成語易經：用卦名創造成語的智慧

過（比000010+咸001110）

3. 遯後之觀小過：飛鳥遺之音　形已飛逝而音還留觀　小過是生命的纏綿

遯觀小過：觀以致遠　退後的觀是內觀　是止觀　可看到細節裡隱形的自己

以遯觀過：讓被觀者不知　叫窺觀　可以觀到眞相與細節（觀000011+遯001111）

4. 豫謙小過：謙是平均值　豫是誤差值　小過是統計學的細節

以豫過謙：輕鬆喜樂的心　它的內容往往是謙卑與慈悲（豫000100+謙001000）

5. 以晉過艮：獨明的細節是人情的隔絕　而相安的細節是有獨立的標準（晉000101+艮001001）

6. 以萃過蹇：結晶的過程中有蹇阻的閾值　而維穩的細節是位階與倫理秩序（萃000110+蹇001010）

7. 以否過漸：否境的細節推動了進化　進化的過程有諸多否定的元素

小過漸否：小過是最靜的動　是凍結中的演化（否000111+漸001011）

8. 恆師小過：兵法不變的法則是細算的能力（師010000+恆011100）

9. 以蒙過鼎：問答與扭曲的心創造了鼎新的高度（蒙010001+鼎011101）

10. 大小過坎：糾纏或超越是相垂直的維度　大過的難處是變小　小過的難處是變大（坎010010+大過011110）

11. 以逅過渙：病毒傳播細節在感染與共生　萬物共生的細節是各憑

本事的擴散（渙010011＋姤011111）

12. 以升過解：諒解的過程要先提升心的高度（解010100＋升011000）

13. 未濟過蠱：蠱賽的細節是發現自己不足的過程
    過蠱未濟：小過的確幸可以淘汰不滿意與貪婪的未濟（未濟010101＋蠱011001）

14. 困井小過：困則不通　井則不困　兩者互過（困010110＋井011010）

15. 訟巽小過：排斥與相容是生命的細節與過程
    巽過相訟：寬鬆與細節的特質相矛盾（訟010111＋巽011011）

16. 豐復小過：放大可以還原事物的細節（復100000＋豐101100）

17. 頤過相離：頤是生命輪轉的大圓　小過是每餐的細節　兩者相映離
    頤離相過：離是大圓分裂成兩個小圓　頤是無數小圓的融合　彼此相過（頤100001＋離101101）

18. 屯革小過：盤旋的細節是動與靜的相革　改變的細節是異與同的盤旋（屯100010＋革101110）

19. 益過同人：小過是仔細與溫柔　與善良化同
    幫忙的細節在將心比心　同人的細節在共利共害（益100011＋同人101111）

20. 震過明夷：細節真相與偽裝假相彼此相震
    震夷小過：飛鳥遺之音　明已夷而震音留　正是生命的過與留（震100100＋明夷101000）

21. 噬賁小過：修錯的細節在美化正確　美化的細節在修剪醜點（噬100101＋賁101001）

22. 隨過既濟：既濟是用慢一點與快一點調和彼此（隨100110+既濟101010）

23. 過妄家人：用小過的心面對無常的命運 無常會變成最美的家人

    妄過家人：無常是驚喜的天使　自由的詩歌　糾纏的親情（無妄100111+家人101011）

24. 過臨大壯：親臨舞台是征服天下的過程

    臨壯小過：每天的日常與遠大的抱負間夾著細膩的心思

    大壯過臨：大壯是一次征服一個舞台的一生（臨110000+大壯111100）

25. 損過大有：簡化的細節在整理心中的多元

    過有為損：多元的細節在使用最簡化的工具　譬如易卦（損110001+大有111101）

26. 節夬小過：在分節的四季 交錯的節點是小過 也是啟動點 像立秋結束了夏天啟動的秋天

    小過是在節點上的結束與啟動（節110010+夬111110）

27. 孚過為乾：沒有細節的相信與充滿細節的不信 兩者相抗逆

    孚乾小過：無論信不信誰　都充滿有趣的細節（中孚110011+乾111111）

28. 歸過交泰：割捨而歸未來與糾纏現在是時間觀的最大交換

    過泰歸妹：小過的用泰是迎向未來　不再糾纏現在的歸妹（歸妹110100+泰111000）

29. 小過睽大畜：最大的累積與最小的細節相對

    過畜為睽：分別的智慧既要小的細節也要大的記憶庫

    睽過大畜：辨別力發展到了最小細節處等同發現了最大的記憶庫（睽110101+大畜111001）

30. 兌過為需：兌談的細節是相需求的雙方

　　過需為兌：慾望的細節是需要與想要的對談（兌110110＋需111010）

31. 履過小畜：選擇命運的細節是靈感

　　小畜過履：靈感的細節是心路自由的選擇

　　履之過畜：命運是一步步走出來的　用魔鬼的細節　天使的靈感

　　履畜小過：履與小畜卦相綜　小過是突變與天擇的界面（履110111＋小畜111011）

13. 行遠與近明（旅＝001101）

　　　人生是一場很長遠的旅行　身體的移動　還有心的閱讀
　　　身體行遠的目的是去看風景　去探訪親友
　　　還有心旅大量的閱讀　目的是近明　發現眞善美

1. 剝過成旅：求取結局的光明　它的過程就是旅

   過旅得剝：在細節裡行遠　在結局時近明　就是旅

   過剝爲旅：離開了剝壞與糾纏　就是行旅的開始（剝000001＋小過001100）
2. 遯比爲旅：旅是一邊離遠無聊　一邊拉近美好（比000010＋遯001111）
3. 旅之觀咸：旅是一邊觀遠　一邊感受親近（觀000011＋咸

001110）

4. 心旅艮豫：心旅是在安靜的題目上輕鬆豫想（豫000100+艮001001）

5. 晉謙成旅：太陽的旅是每天從海上升到最高點然後再沉入海面
   晉謙互旅：旅是太陽與大海的互訪　是從高傲到謙卑的心旅（晉000101+謙001000）

6. 萃漸成旅：聚集了諸多演化形成了一次旅程
   漸萃成旅：旅是一種過程　由少聚多由亂而結晶　是萃的過程
   旅乃漸之萃：旅也是一種成就　由冒險而安定　是漸的成就（萃000110+漸001011）

7. 蹇旅相否：否定了阻隔　就出現了旅通　阻隔了否定　就暢遊了肯定（否000111+蹇001010）

8. 以旅爲師　以鼎饗旅：訓練的旅成就壯盛的軍容　鼎新的旅成就高度的文明
   旅是學習的行軍　青出於藍的技藝（師010000+鼎011101）

9. 恆蒙爲旅：長久的問答是行遠　不變的模糊是近明（蒙010001+恆011100）

10. 坎旅爲逅：旅在交錯後行遠　在相遇後馴化共生　可遠可近的交換就是旅（坎010010+逅011111）

11. 旅渙大過：旅是用逍遙的身心　尋找不凡的美麗
    渙過成旅：旅也用不凡的自我　尋找流浪的星空（渙010011+大過011110）

12. 解蠱成旅：解放的心可以行遠　挑戰的情可以親切（解010100+蠱011001）

13. 升旅未濟：內空爲缺　外空爲升　空的內外輪轉是求空之旅（未

濟010101+升011000）

14. 困巽成旅：心在範圍的有無間旅行（困010110+巽011011）

15. 以旅井訟：真理之旅起於訟爭而終通乎天地（訟010111+井011010）

16. 以復離旅：心的還原與行遠相映離（復100000+離101101）

17. 豐旅相頤：放大與行遠是心在時空中的轉輪

    旅之豐頤：旅是光明尋找無所不在與永恆輪迴的總合（頤100001+豐101100）

18. 旅之屯同：旅是在動靜中求同　在求同中盤旋（屯100010+同人101111）

19. 益革成旅：益是加1的旅　革是去舊的旅　旅是不斷加1的去舊也是不斷去舊的加1（益100011+革101110）

20. 旅震而賁：波動是上下共鳴的旅　賁是最終定形的旅（震100100+賁101001）

21. 噬夷成旅：黑暗之旅是說謊之後不斷圓謊的過程　也是處罰後不斷消失的良知（噬100101+明夷101000）

22. 隨旅家人：跟隨是前後共旅　家人是相惜之旅　是最長的跟隨最美的伴旅（隨100110+家人101011）

23. 濟旅無妄：無妄是未知的方向　既濟是已知的方向　旅是心在兩種方向的轉換（無妄100111+既濟101010）

24. 旅臨大有：行遠與就近讓心享受大有的多元世界（臨110000+大有111101）

25. 旅損大壯：行遠可以減損攻伐的心

    損旅大壯：心在簡化自己的過程找到大壯的正氣（損110001+大壯111100）

26. 節旅爲乾：用節的心與行遠的心相抗逆　可縮可遠的心是最強的乾健（節110010+乾111111）

27. 夬旅中孚：宇宙之旅從大爆炸啟動到與神相擁爲終（中孚110011+夬111110）

28. 歸畜爲旅：旅是回憶過去與幻想未來的總合（歸妹110100+大畜111001）

29. 遠旅睽泰：滾動的石頭不生苔　好旅者三心二意不聚財（睽110101+泰111000）

30. 兌旅小畜：心與心的對談是累積靈感的過程（兌110110+小畜111011）

31. 履需成旅：人生是選擇所愛與被愛選擇的過程
    履旅相需：履求安而獨行　旅結伴去探險 旅與履相需相求（履110111+需111010）

14. 感性與變化率（咸=001110）

萬物皆有感性　葉子趨光　花草需水　皮肉怕痛　異性相吸
都是感性
石頭也有感性　譬如它能感應重力　會往低處滾
感性有強弱之分　拇指的感性強　背肌的感性弱
觸覺是對壓力的變化率發生感應
覺察變化率大　相對的感性也大
在數學上aX+bY=c我們稱a/-b某線段的斜率
或a, b某變數前的參數
所以變化率或感性是我們觀察世界的核心指標
也是生命最依靠的能力

1. 遯剝則咸：隱藏的剝壞就生出感性

   咸剝則遯：感性的剝壞則世界將不再顯現

   以剝咸遯：用最靜寂的心感受隱藏的生命力（剝000001+遯001111）

2. 咸比小過：咸是變化前後的對比　是變與不變的比率　更是在最小時間差的變化率 是微分數學的斜率（比000010+小過001100）

3. 觀旅成咸：觀在更長時空中的漂流產生了感性的覺知

   觀咸成旅：觀的敏感化等同心旅的長遠化（觀000011+旅001101）

4. 豫蹇成咸：豫是電流　蹇是電阻　咸是感應圈上的電磁波　可察覺流通與阻擋間微妙的變化（豫000100+蹇001010）

5. 漸晉為咸：光的漸明與知的漸顯創造了覺知的世界（晉000101+漸001011）

6. 萃謙而咸：萃的除去雜質與謙的除高求均都用除　合體後就是求斜率的咸　三者都用到除法的運算

   謙萃得咸：咸也是謙平中萃取精華的能力（萃000110+謙001000）

7. 否艮得咸：否定了無感與絕情就是感性與多情（否000111+艮001001）

8. 師過得咸：師的服從平凡與大過是超越不凡造成咸的反差與變化（師010000+大過011110）

9. 咸蒙共逅：敏感的感官可以保護生命的周全　但是健全的生命需要敏感與模糊的共生（蒙010001+逅011111）

10. 咸恆交坎：咸是微分的剎那　恆是積分的時段　咸與恆是觀察萬物變與不變性的交坎（坎010010+恆011100）

成語易經：用卦名創造成語的智慧

11. 渙鼎爲咸：咸是從渙散到治理的變化率

　　咸渙成鼎：感性世界的擴散造就了文明的高度發展（渙010011+鼎011101）

12. 解井得咸：解是解開壓力　井是打通阻隔　咸可以感受壓力的變化　通阻的有無

　　咸之解井：感性是一種理解力與相通力（解010100+井011010）

13. 咸巽未濟：咸是飢餓的胃用它的寬鬆等待食物

　　感性在寬鬆的同時覺察貪婪（未濟010101+巽011011）

14. 咸困則升：覺知在知困守界的同時找到升華的方向（困010110+升011000）

15. 以咸蠱訟：咸是迅速淘汰矛盾的覺知（訟010111+蠱011001）

16. 以咸復革：感性是不斷還原與變革的生命力（復100000+革101110）

17. 咸同相頤：咸在化同的世界鈍化　化同是感覺差異的顛倒（頤100001+同人101111）

18. 咸豐相屯：感微與投遠是動靜相旋的生命

　　屯豐得咸：咸是從平衡到放大的速率（屯100010+豐101100）

19. 益離爲咸：益是加1的施給　離是分2　咸是感受1與2的變化

　　咸益相離：感受恩典與施給是兩種相映的美麗（益100011+離101101）

20. 以咸濟震：溫柔感性可以調和震驚動盪的訊息

　　震濟得咸：咸是調頻的機器　只聽取相調和的共頻聲波（震100100+既濟101010）

21. 咸噬家人：咸以感美　噬以修錯　兩者共組美善人生（噬100101+家人101011）

22. 隨者夷咸：跟隨是一種不易覺察的感性 是生命用模仿來保護自己的感性

微妙的變化藏在相隨的前與後（隨100110+明夷101000）

23. 無妄賁咸：咸是從無常看到定形的能力 也是從定形覺察無常的覺知（無妄100111+賁101001）

24. 咸臨為夬：咸的世界用刹那接近生命 是生命最敏感的爆發（臨110000+夬111110）

25. 損乾為咸：損減了陽剛抗逆 剩下溫柔與順從 就是感性生命等待萬物的呼喚（損110001+乾111111）

26. 節壯為咸：節制用壯的慾望 成就感性的溫柔婉約

以節壯咸：咸是敏感的自己 縮節增加敏感的細度與覺知的強度（節110010+大壯111100）

27. 有孚為咸：中孚是唯一的互信 大有是繁多的認識 咸利用維度與參數的變換 悠遊於唯一與繁多之間（中孚110011+大有111101）

28. 萬咸歸需：感性的最終依歸是愛慾之需（歸妹110100+需111011）

29. 咸睽小畜：靈感也是感性 突變也有變化率 累積的耳目聰明會質變成靈感（睽110101+小畜111011）

30. 咸兌交泰：兌談的理性與咸的感性可以交換 形成興旺的生意（兌110110+泰111000）

31. 以咸畜履：從咸的一個參數到履的一個矩陣 都是咸世界變化率的集合（履110111+大畜111001）

成語易經：用卦名創造成語的智慧

15. 退逃與隱藏（遯=001111）

退是進的相反　逃是攻擊的相反　隱藏是出現的相反
退逃是生存重要的技巧　隱藏是深潛的龍 是不分享的寶藏
從苟活的退逃到無法窺視的隱藏 都是遯卦的能量

1. 遯乃咸剝：遯隱不是不存在　只是覺察不到（剝000001+咸
   001110）
2. 以遯比旅：身心都只佔有有限的時空　旅彼則遯此　旅往則遯來
   兩者類比
   遯的退後豐收可以指導人生遠旅的計劃（比000010+旅001101）
3. 以過遯觀：用隱藏在細節深處來躲過觀察
   觀遯相過：可觀與可藏的世界在細節處糾纏（觀000011+小過

001100）

4. 豫漸爲遯：如雷的豫動可以漸慢轉化直到退隱
最容易的演化是退化（豫000100+漸001011）

5. 蹇晉爲遯：遮蔽了光明就 產生了隱遯（晉000101+蹇001010）

6. 萃遯則艮：聚實不見了 留下的是孤獨的個體
萃艮相遯：求萃者看不見艮獨 求艮者看不見萃體（萃000110+艮
001001）

7. 謙遯相否：謙的入世兼愛與遯的個人退隱是相否定的價值觀（否
000111+謙001000）

8. 逅師互遯：作戰是被隱形的共生 共生是被隱形的作戰（師
010000+逅011111）

9. 過蒙爲遯：看不清楚的極端就是隱形（蒙010001+大過011110）

10. 遯鼎交坎：遯是隱居之路 鼎是從政之路 兩路交坎（坎010010+
鼎011101）

11. 渙遯爲恆：不斷退逃與擴散來增加亂度是宇宙的守恆（渙
010011+恆011100）

12. 遯者解巽：解是解開套索 巽是鬆開僵直 退逃者要先解套 再
鬆開堅持（解010100+巽011011）

13. 遯井未濟：遯是出家入空門 井是通口 通往未濟的無限未來
修道者持戒通未來（未濟010101+井011010）

14. 遯困爲蠱：賽局如圍棋 是困圍與遯逃的競賽（困010110+蠱
011001）

15. 遯升相訟：遯者豐退 升者進空 兩者相訟
升以遯訟：升華的心可以退出矛盾相爭（訟010111+升011000）

16. 復遯同人：還原是隱藏過去 也是退回原點 所以退隱化同還原

成語易經：用卦名創造成語的智慧

（復100000+同人101111）

17. 遯革相頤：遯退回家與革舊進新是相顛頤的能量

　　遯以革頤：遯入空門就是革除頤的輪迴（頤100001+革101110）

18. 遯屯相離：屯是盤旋的天地萬物　遯是一切不可知不可見的總和
兩者相映離（屯100010+離101101）

19. 以豐益遯：放大的光讓人看不見白天的北斗星　所以豐幫助了遯
以遯益豐：適時的退可以幫助豐收　所以遯也幫助了豐（益
100011+豐101100）

20. 遯震家人：退逃出世與組合人生是相震反的能量（震100100+家
人101011）

21. 遯噬相濟：心用退逃與刑錯來調和罪惡感或良心（噬100101+既
濟101010）

22. 隨賁相遯：每個美化的故事裡隱藏著抄襲　每個模仿的動作隱藏
著美化的心情（隨100110+賁101001）

23. 遯妄相夷：退逃與勇進無常是相珍藏的兩方
夷妄相遯：天意藏真故無妄　人心藏真故明夷　天意與人心相遯
逃（無妄100111+明夷101000）

24. 遯臨相乾：退逃與登臨舞台相抗逆　可退可臨的能力是天龍般的
大能力（臨110000+乾111111）

25. 損遯為夬：減去了退逃之心　就生夬始之心　遯與夬相損（損
110001+夬111110）

26. 遯節大有：節的世界隱藏著大有的多元　大有的世界隱藏著迷人
的情節
節有互遯：節的展開即是大有的退後　大有的展開也是節的退場
（節110010+大有111101）

27. 遯壯中孚：大進與大退可以養成同心共信（中孚110011＋大壯 111100）

28. 遯歸小畜：逃避或歸依兩者存在積與變的關係

歸畜皆遯：未來其實就是隱藏的現在　質變是隱藏的量變　祝福或 靈感是兩個玩躲貓貓的天使（歸妹110100＋小畜111011）

29. 睽遯相需：缺少了睽明就是遯隱　缺少了遯隱就是睽明

需遯相睽：需是一個瘦子　遯是胖子　胖瘦的分別是睽明（睽 110101＋需111010）

30. 兌畜互遯：兌是不斷交集的運算　大畜是不斷聯集的運算　兩者 是相退的運算（兌110110＋大畜111001）

31. 遯履交泰：擇履而安　遯退而豐　人生常勝要能遯履交換　安豐 相宜（履110111＋泰111000）

16. 訓練與作戰（師=010000）

生存需要作戰　作戰需要訓練

訓練是反復的操練　是持續的教導與學習　是用一訓練一萬

讓一萬服從於一

當作戰來臨時　勝敵殺敵求生的兵法　紀律與命令的執行

都是師卦

1. 剝蒙為師：訓練的目的是剝去心的盲目與蒙昧

   蒙師得剝：訓練的目的是結束不懂 也是不斷發現問題 不斷扭曲身
   心以求生存到最後（剝000001+蒙010001）

2. 師比交坎：師是加強作戰的實力 外交結盟與作戰實力是護國的兩
   條路

以坎比師：用垂直領導來訓練軍隊　可達以一律萬的效果（比000010+坎010010）

3. 觀渙爲師：觀是高遠之觀　渙是擴散成群
練兵是用高遠的觀帶領擴散的群眾　也是用擴散的時空學習更強的觀念（觀000011+渙010011）

4. 解豫爲師：豫是快速的行動　精準的神射
作戰要訓練快速行動與精準打擊的本事（豫000100+解010100）

5. 師晉未濟：晉是標竿學習　未濟是不滿足
生活的作戰是永不滿足的學習　要作自己更高明的標竿（晉000101+未濟010101）

6. 師者萃困：萃是聚集兵力　困是合圍
兵法的強弱在最快聚多與對敵人合圍　是聚焦打擊與令對手窒息的戰力（萃000110+困010110）

7. 以師否訟：否是否定與死亡　訟是相爭　師是對持久相爭作一次性否定的行動
以師訟否：師是存亡之術　是與死亡的相爭（否000111+訟010111）

8. 師道謙升：謙是以高求低　升是以實求虛　謙與升的方向不同所以謙道與升道可以訓練師道
謙升而師：謙道的升華是師道　因爲謙虛的心讓人願意接受訓練願意作戰犧牲（謙001000+升011000）

9. 艮以師蠱：艮是獨立的主權　是相安不擾　蠱是比賽淘汰　獨立的主權依靠不斷地練兵與比賽淘汰
艮蠱爲師：人生從相安到相爭　充滿生活的兵法
師用艮蠱：絕情與競賽是訓練自己更強的要素（艮001001+蠱

成語易經：用卦名創造成語的智慧

011001）

10. 師者蹇井：蹇是盾護與阻隔 井是溝通與分享
    作戰要提供盾阻防護與源源不絕後勤溝通（蹇001010＋井
    011010）

11. 師者漸巽：漸是有計劃的前進　巽是最大的延伸
    計劃的詳細度與可變通的柔軟度決定兵法的優劣（漸001011＋巽
    011011）

12. 師恆小過：小過是在細節處糾纏　恆是在遠大處求恆
    兵法的強弱　多算者勝　堅持長久者勝（小過001100＋恆
    011100）

13. 善師旅鼎：旅是行遠　鼎是創新
    善戰者用創新勝老舊　用行遠勝僵化（旅001101+鼎011101）

14. 師咸大過：咸是覺察力　大過是不凡的奇計　善戰者覺察敏銳
    智謀不凡
    大過咸師：極端與超越的實踐在心的敏感度與守律的服從度（咸
    001110＋大過011110）

15. 師善遯逅：遯是退逃與隱藏 逅是遇合與共生
    善戰者善留退逃之路　有隱藏之能　也有以慢制快先共生再取代
    的胸懷（遯001111＋逅011111）

16. 善師復臨：復是還原　臨是上台表演　善戰者善於休復　也能親
    臨戰陣　與士卒同進出（復100000＋臨110000）

17. 師以頤損：頤是輪轉　損是簡化的個人　練兵是輪轉簡化與複雜
    個人與部隊的過程（頤100001+損110001）

18. 屯節用師：屯是盤旋而進 節是分節而通
    屯是離心力與向心力的作戰　節是線段與節點的作戰　兵法是平

衡動靜與用節斷續（屯100010＋節110010）

19. 中孚益師：益是合作幫忙　中孚是同袍之義　益的合作與師的部
隊是相擁的眾勝精神
善戰者善得天地人的幫助　善養同仇敵愾的袍義（益100011＋中
孚110011）

20. 師者震歸：震是震波　歸妹是和親之策　善戰者善用震懾之波
善使和親之計（震100100＋歸妹110100）

21. 師用睽噬：噬嗑是用刑修錯　睽是分別敵我　善戰者善修己錯
善明強弱（噬100101＋睽110101）

22. 師先兌隨：隨是跟隨　兌是和談　師道是用堅強的實力作後盾
促成和談的跟隨（隨100110＋兌110110）

23. 師履無妄：無妄是天意的腳步　履是人智的腳步　師道是天意與
人智的戰與和（無妄100111＋履110111）

24. 師泰明夷：明夷是詭計與欺敵　泰是常勝的經營　師道的常勝在
用計與欺敵（明夷101000＋泰111000）

25. 師賁大畜：賁是說美麗的故事　大畜是大數的記錄　建制勝戰的
故事與善用大數分析　才是必勝的戰法
以一律萬就是用一個故事貫穿一個歷史（賁101001＋大畜
111001）

26. 師者濟需：既濟是戰備完整　需是大缺所需
善戰者以自己的既濟　攻敵的大需　以有餘勝有缺（既濟
101010＋需111010）

27. 師畜家人：師道治軍如治家　軍隊是更大的家人　生死相守的團
隊（家人101011＋小畜111011）

28. 師豐大壯：守律與豐功是治軍的浩然正氣（豐101100＋大壯

111100）

29. 師離大有：師道以一律貫萬軍　與多元的百姓生活相離
善戰者戰法多元　貫一而離二　詭異難測（離101101＋大有
111101）

30. 師道夬革：善戰者快速變革　兼有爆發力與革新的決心（革
101110＋夬111110）

31. 師乾同人：師道先勝己　再勝敵　先勝人再勝天　故與乾卦化同
（同人101111＋乾111111）

17. 模糊與扭曲 （蒙=010001）

心在問答中成長　疑問是心找到模糊　答案是心扭曲了問題
所以模糊與扭曲是心的左右手 不斷地問與答來製造模糊與扭曲
是或不是　是清楚的回答　但是可是或許是　是模糊的回答
模糊的回答容易接近事實 清楚的回答容易扭曲了真相
量子物理說天地萬物都是蒙體 都存在於或是或不是
或有或沒有的中間態
蒙的世界沒有最大或最小 只有不大不小 沒有絕對絕不對
只有或許對

1. 師以剝蒙：訓練的目的是剝開蒙蔽不清

   師蒙以剝：貫穿的問與答會找到最後的真相（剝000001+師

成語易經：用卦名創造成語的智慧

010000）

2. 渙比爲蒙：渙散的領導會產生蒙蔽與扭曲

比用領導治理來扭曲　渙用無秩序去扭曲　比與渙是彼此的扭曲
（比000010+渙010011）

3. 坎觀爲蒙：交疊觀看的角度反而會看不清（觀000011+坎
010010）

4. 蒙豫未濟：未知來自糊塗與誤差

看不清楚讓未知或未來增加樂趣（豫000100+未濟010101）

5. 蒙以解晉：蒙蔽無知的心可以解脫光明的專橫

晉以解蒙：晉用光明解決蒙蔽不清

晉解爲蒙：晉的崩解就是蒙世界的來臨（晉000101+解010100）

6. 萃是秩序清楚的聚化　訟是矛盾與相排斥

萃訟相蒙：聚化與相斥彼此扭曲　秩序與矛盾彼此蒙蔽

蒙萃相訟：而模糊與晶瑩剔透相矛盾（萃000110+訟010111）

7. 蒙困相否：否定了界定就是模糊　有了界定就否定了蒙昧（否
000111+困010110）

8. 謙蠱求蒙：謙道有上下不清的模糊　蠱道有勝負不清的模糊

謙蠱互蒙：公平是優勝傑出的模糊　優勝也是公平的模糊（謙
001000+蠱011001）

9. 艮升爲蒙：艮是相安　升是漸增的亂度　相安於漸增的亂度是蒙
的美與浪漫

模糊是升維後的界線分明（艮001001+升011000）

10. 蒙以蹇巽：模糊的心既寬又柔　既阻外又護內（蹇001010+巽
011011）

11. 井漸爲蒙：井通的轉化變成蒙昧

漸是遠征的移民　井是長守家鄉的水源　人生在遠征與守鄉間浪漫（漸001011＋井011010）

12. 鼎過互蒙：細節是模糊過後的創新　創新是模糊過後的細節（小過001100＋鼎011101）

13. 恆旅生蒙：恆久的旅重疊了美景與安住的身心　產生了模糊不清

以蒙恆旅：時間的重疊行遠是恆　空間美麗的重疊是旅（旅001101＋恆011100）

14. 咸是剎那的感知 遘是一生的共命

咸遘為蒙：生命的或長或短是蒙　不長不短也是蒙　長與短也互蒙（咸001110＋遘011111）

15. 遯蒙大過：或退或超越是心浪漫的或是或非（遯001111＋大過011110）

16. 損蒙相復：簡化或複雜互相還原（復100000＋損110001）

17. 蒙臨相頤：遠蒙而近臨 彼此相顛頤

臨頤互蒙：頤是靈的生命 臨是身心每一刻的活著　兩種命組成我們蒙的生命（頤100001＋臨110000）

18. 屯蒙中孚：動靜相旋的天體與問答相間的心智　兩者在星空中相擁（屯100010＋中孚110011）

19. 益節為蒙：加值別人的益世界兼有節約自己的美德　這是最浪漫情操（益100011＋節110010）

20. 蒙睽相震：看不清也有看得清的成分　反之亦然　兩者相震（震100100＋睽110101）

21. 噬蒙而歸：修正了蒙昧可以找到歸一的方向（噬100101＋歸妹110100）

22. 以隨履蒙：跟隨前人的腳步可以在蒙昧中安全擇道而履（隨

100110＋履110111）

23. 兌蒙無妄：對談求精確與蒙蔽的心組成無妄的心智

　　兌妄常蒙：無常也是有常　無定見也有共識　天意與人意都呈現巨大的模糊

　　心智三昧　無妄蒙兌：談不完看不清與猜不準組成心智的碎形世界（無妄100111＋兌110110）

24. 蒙夷大畜：歷史的大數藏著蒙昧的真理

　　外蒙與內藏是一切真與假的總合（明夷101000＋大畜111001）

25. 蒙賁交泰：用蒙來畫圖　是抽象畫　用賁來說蒙　是科幻懸疑

　　都是用最大的交換來勝出（賁101001＋泰111000）

26. 蒙濟小畜：心智用或許與是非不清來調和滿意與靈感突變（既濟101010＋小畜111011）

27. 蒙需家人：用蒙與相需可以組合完美（家人101011＋需111010）

28. 豐蒙大有：光明用放大與蒙蔽來產生大有的萬相（豐101100＋大有111101）

29. 蒙離大壯：蒙昧不清與正氣大壯是相映的兩方

　　離蒙大壯：扭曲後的相映相愛是日月相蝕與夫妻反目（離101101＋大壯111100）

30. 蒙革相乾：革是改變過去　乾是抗逆未來　蒙是扭曲現在　三者共組時空能量的宇宙

　　革者不蒙　蒙者不革　彼此抗逆（革101110＋乾111111）

31. 蒙夬同人：夬是啟動未來　蒙是結束慣性　所以蒙與夬化同彼此

　　以蒙夬同：用重疊與不清楚來開啟化同的心

　　同以夬蒙：化異為同的心開啟了蒙昧與浪漫（同人101111＋夬111110）

18. 交錯與相乘（坎=010010）

線是一維　面是二維　體是三維　時空是四維
有意義的時空是五維　意義的累積變成智慧是N維
心智在維度中相乘　不同的意義與價值代表不同維度
維度的交錯是坎卦　產生相乘的運算
不同的心路交錯在十字路口　是彼此的阻擋　也是學習
易經的上卦與下卦就是坎　99乘法也是坎
語法中的「的」也是坎

1. 剝渙成坎：坎的交錯可以增減維度　是維度在原點上的消失與擴散

   渙坎成剝：無限多維的渙用交錯的線與點可以約束成原點的0

   剝坎成渙：坎的維度在原點上消失後產生沒有維度的無限延伸

成語易經：用卦名創造成語的智慧

（剝000001+渙010011）

2. 比師爲坎：連外與強內是強國的兩種維度

比師坎心：類比與串連　紀律與習慣　是語言發展的兩種維度

（比000010+師010000）

3. 觀蒙交坎：變清楚與變模糊是眞理的兩種維度（觀000011+蒙010001）

4. 豫困交坎：豫的自由與困的界定是交錯的價值觀（豫000100+困010110）

5. 晉訟交坎：晉是普世的標準　訟是彼此的矛盾　兩者是愛慕與仇恨的交坎（晉000101+訟010111）

6. 萃解交坎：萃聚與解崩是新舊交坎的秩序（萃000110+解010100）

7. 否坎未濟：坎是相交錯的線　否是原點　未濟是所有非原點的點

心在否定中靠近無窮　維度在原點附近靠近無限大　人生在原點附近升維

宇宙中無法達到的絕對零度　生命無法達到絕對死亡（否000111+未濟010101）

8. 謙井交坎：謙求廣與井求深交坎　分配與通路也交坎（謙001000+井011010）

9. 艮巽交坎：坎是水乳交融　絕情相安與寬鬆相混交融（艮001001+巽011011）

10. 蹇升交坎：蹇是穿上盔甲　升是裝上翅膀　坎是在厚重與身輕之間的運算（蹇001010+升011000）

11. 漸蠱交坎：漸是演化而製造多元　蠱是淘汰而產生最強

坎是物競與汰擇的交錯（漸001011+蠱011001）

12. 小過坎大過：糾纏或超越　細節或不凡　是彼此的垂直思維（小過001100+大過011110）

13. 旅姤相坎：用姤的內容乘以旅的時空就是人生的總合（旅001101+姤011111）

14. 咸恆相坎：咸是剎那間的感性　恆是久長不變的理性
坎是在感性中學習理性　在恆常中感受剎那（咸001110+恆011100）

15. 遯鼎相坎：坎是用投資等待豐收與用經營創業的相乘（遯001111+鼎011101）

16. 復節為坎：重復的節點與多維運算的坎是相同的運算（復100000+節110010）

17. 頤坎中孚：坎是萬物的質心　頤是一個大圓　中孚是許多同心圓
質心與圓恆為共圓
坎是生命與靈命的交疊（頤100001+中孚110011）

18. 屯臨交坎：屯是動靜盤旋　臨是身到心到　坎是兼有盤旋與淋漓盡致的自旋生命（屯100101+臨110000）

19. 損益交坎：坎是展開幫忙合作的大格局　又簡約自守的美而廉人生（益100011+損110001）

20. 震兌為坎：共震中有交談　交談中有共震　這是心意的交坎
震兌坎坎：震怒中的報復與兌談中的和悅合成喜怒相坎的世界（震100100+兌110110）

21. 噬履坎坎：在搜尋引擎中選擇與修正是兩種交錯的運算
噬以坎履：對每項參數的修正可以發展多維的最佳矩陣（噬100101+履110111）

22. 隨歸交坎：隨喜的日常與歸妹的捨離是處理人生或遠或近的二維

成語易經：用卦名創造成語的智慧

運算（隨100110+歸妹110100）

23. 睽坎無妄：坎是在無常天意中盡人事的智慧　明辨無常天意中的
有常
坎是人智與天意之間的原點　人心是天心的質心　天心也是人心
的質心（無妄100111+睽110101）

24. 需夷相坎：愛慾需求與真假是非是心智的二維運算
無需無滿無明無晦是心的原點
坎坎需夷：飢餓是真實的也是幻覺的　愛也有真假對錯　這是人
生最大的坎（明夷101000+需111010）

25. 賁坎小畜：定義定形與靈感突變是心智的二維運算（賁101001+
小畜111011）

26. 泰濟交坎：勝利與調和　順旺與滿意是心的二維運算（既濟
101010+泰111000）

27. 家坎大畜：編組與記錄是心智的二維運算　完美與豐富也是（家
人101011+大畜111001）

28. 豐夬交坎：放大的光與快速的啟動是心智的二維運算　是火力與
動員力的相乘
是事業上兼顧廣宣與精巧設計（豐101100+夬111110）

29. 坎離為乾：離的二元複製與坎的重疊交錯是心智進入乘冪如詩如
畫的大法力
坎是重疊與交錯　與相映複製相抗逆（離101101+乾111111）

30. 革壯相坎：坎是兼顧內政改革與對外擴張　是既能隨時變形又能
長遠攻擊的實力（革101110+大壯111100）

31. 同坎大有：坎是既能化同天地又能化異納多的心胸 能貫穿同異的
垂直思維（同人101111+大有111101）

19. 擴散與傳染（渙=010011）

擴散是用風把水氣送遠　一滴水的擴散變成一個颶風
生命的繁衍要擴散　病毒用傳染宿主強大自己
增加系統的亂度是熱力學的渙
從0與1開始到無限大是數學的渙
喜歡自由的行動　心性的逍遙不拘　是萬物皆渙

1. 坎剝則渙：失去了交錯　可以是平行或離散的關係　就是渙
   坎渙相剝：坎如果是垂直思考　渙就是無限的平行思維（剝
   000001+坎010010）

成語易經：用卦名創造成語的智慧

2. 蒙比為渙：模糊的連比可以產生失焦　而心情上是逍遙自由（比000010＋蒙010001）

3. 觀師而渙：觀想經過訓練便開始自由傳播（觀000011＋師010000）

4. 豫訟為渙：擴散是一種相訟力的自由發揮（豫000100＋訟010111）

5. 晉困則渙：知識經過嚴密的界定便可以遠播擴散
   困渙則晉：晉是公論　困是自我界定　渙是從界定擴散成公論（晉000101＋困010110）

6. 萃渙未濟：事物的凝聚與擴散　一如秩序與自由　是不相濟的特質（萃000110＋未濟010101）

7. 以渙解否：渙是帶著水的連結再擴散　可以解開否境（否000111＋解010100）

8. 謙巽為渙：兼愛眾生的心把鬆柔的風變成巨風襲捲了世界（謙001000＋巽011011）

9. 艮井為渙：從艮的相安到井的分享 苦痛得到了稀釋與共鳴
   井渙相艮：井是一技之長　渙是自由流浪　兩者相安於人生（艮001001＋井011010）

10. 渙蹇相蠱：渙是病毒擴散與傳染　蹇是身體的阻隔與保護　兩者作攻防競賽（蹇001010＋蠱011001）

11. 漸升為渙：最慢的演化　升華後就是最快的擴散（漸001011＋升011000）

12. 以渙過逅：生命共生的關係包含擴散與傳染的漫長細節（小過001100＋逅011111）

13. 渙旅大過：生命的擴散之旅不能平凡無聲　要驚天動地　成功成

仁（旅001101＋大過011110）

14. 咸是敏銳感性　鼎是創新經營

　　渙咸爲鼎：擴散的感性可以創新文明的高度　像烹調美味的擴散術

　　渙之咸鼎：病原的傳染擴散先感染後經營　心靈的傳播先感動後求高（咸001110＋鼎011101）

15. 遯恆以渙：逍遙之心來自從經常與頑固中退逃（遯001111＋恆011100）

16. 復渙中孚：還原渙散的信心就是與神同心（復100000＋中孚110011）

17. 渙節相頤：要修靈的生命要用擴散與節縮　兩者在四季中輪轉的智慧（頤100001＋節110010）

18. 屯以損渙：生命在穩定盤旋中簡單擴散（屯100010＋損110001）

19. 以渙益臨：擴散與傳播是一種加值的接近（益100011＋臨110000）

20. 震履成渙：渙是群衆的路　獨履之路與渙之路彼此震動（震100100＋履110111）

21. 噬兌成渙：修錯之路與共識之路都有無窮的旅程　校正的心破壞了對談的心而開始渙散（噬100101＋兌110110）

22. 以渙睽隨：渙是擴散與泛濫　沒有跟隨的秩序　所以大別於隨（隨100110＋睽110101）

23. 渙妄歸妹：渙是流浪在天人之間　逍遙在天意無常中割捨與祝福（無妄100111＋歸妹110100）

24. 渙之夷畜：藏明是細菌的騙術　小畜是細菌用突變來躲過藥物　成功的擴散需要騙術與求生術（明夷101000＋小畜111011）

25. 渙以賁需：在天地中流浪是爲了美化心中的缺需　譬如失去的摯愛（賁101001+需111010）

26. 渙濟大畜：大富之道在擴散滿意的疆域

    渙畜既濟：散與積是需要調和的兩種特質（既濟101010+大畜111001）

27. 泰家爲渙：營泰之心是王道　把家私之心渙散　以天下爲家

    家渙成泰：組合與渙散是最大的交換　把美麗的團隊擴散與推廣是賺錢與勝利的保證（家人101011+泰111000）

28. 渙豐相乾：渙是人生的漂流　豐是自戀的孔雀　渙與豐相抗逆

    乾渙爲豐：飛龍之心把渙散流浪變成豐大的征服（豐101100+乾111111）

29. 渙之夬離：擴散與傳染要靠快速的分裂與複製

    以渙離夬：不斷擴散的時空與開天闢地的爆炸相映（離101101+夬111110）

30. 渙革大有：萬物同時用擴散與改變過去發展多元

    以渙革有：心用渙散來革除大有的過去（革101110+大有111101）

31. 渙同大壯：擴散的同理心是大壯的正氣

    同壯爲渙：擴散是化同的征途　進取的統一之戰（同人101111+大壯111100）

20. 解放與理解 (解=010100)

生命需要放開糾結 才能展開新頁

不好的關係或連結讓人生苦深　所以要解開它們 邁向美好

萬物用解還原複雜回歸單一純潔

心用理解諒解放開過去擁抱未來　都是解卦的能量

1. 解剝未濟：解的兩個面向是用剝結束過去　用未濟迎接未來

    剝解未濟：剝的靜寂之心可以解開未濟的不足心（剝000001+未
    濟010101）

2. 解比以困：解是去連結　把比連的關係困圍在過去

    解困以比：解也是打開困局　用新的連結把困打開

    所以比困互解

比之困解：王用三驅　有困有解　故可大盟天下（比000010+困010110）

3. 觀訟相解：遠觀的心可解近斥的訟　而近斥的爭論可解遠觀的偏差（觀000011+訟010111）

4. 解以豫師：解是從辛苦到輕鬆的過程

師解而豫：是瞄準的訓練造就百發百中的容易

以師解豫：用訓練的紀律解除豫樂的閒散（豫000100+師010000）

5. 晉蒙互解：晉是蒙的解開　而太刺眼的晉也讓人盲目　所以蒙也解決晉的專橫（晉000101+蒙010001）

6. 萃解相坎：萃的美好相聚無法自由飛翔　解放後的自由逍遙無法萃聚　萃與解的價值相交坎

以萃解坎：萃的秩序井然可以解開坎的互相為難（萃000110+坎010010）

7. 解否成渙：溶解是冰凍的渙散

否渙成解：否定了細菌的擴散就是病害的解除（否000111+渙010011）

8. 謙恆互解：謙解放了恆的固執　積恆解放了謙的求均（謙001000+恆011100）

9. 以艮解鼎：相安的阻隔　可以解救過熱的烹煮

以鼎解艮：文明的鍋爐一片熱情　可以解放絕情的阻隔（艮001001+鼎011101）

10. 解蹇大過：英雄的不凡來自解開平凡的阻擋與保護

解過成蹇：不凡的解放後是知蹇的平凡

解以蹇過：用平凡的理解培養用蹇的不凡 也保護不凡的理想

蹇以解過：保護平凡來自解開想超越的衝動（蹇001010+大過011110）

11. 解漸成姤：在共生圈中　物種變強的演化暫時解除　變成馴化與共生

解姤成漸：在演化的故事中　物種用遇合與解脫說故事（漸001011+姤011111）

12. 過升爲解：解放是從糾纏中升華　而理解是從混沌中看到細節（小過001100+升011000）

13. 解旅相蠱：旅是心的速讀 解是心頓悟 旅與解是心的競賽

解脫與共旅也相蠱（旅001101+蠱011001）

14. 咸是感性　井是分享通路

解咸而井：解放是把私密的感性變成討論與分享

井解而咸：理解是把理性的通透與感性的敏銳分開（咸001110+井011010）

15. 遯巽爲解：解放是不再容忍的退逃　而理解是不再退逃的容忍（遯001111+巽011011）

16. 復解歸妹：復原與歸終間存在解放的關係

歸依未來與復原過去的方向相反　互相解脫（復100000+歸妹110100）

17. 解頤爲睽：解放了因果循環善惡輪迴　產生了二元對立的分別心

解睽爲頤：諒解與分別心彼此相顛倒也循環成圓（頤100001+睽110101）

18. 屯兌互解：心在時空中的盤旋與在碎形中的相分相解

解放是用平衡自旋解脫冗長的討論

也用討論的共識解決是長久的盤旋（屯100010+兌110110）

成語易經：用卦名創造成語的智慧

19. 益履互解：益可以解決履的孤獨 履可以解脫益的依賴

以解益履：諒解的心可以加值命運的獨履（益100011＋履110111）

20. 臨解互震：解放與登臨形成震動的波

以震解臨：震動的氣韻可以解開臨場的恐懼（震100100＋臨110000）

21. 解損噬嗑：解放是簡化到不用修錯 也是用諒解減少修錯的痛苦

損噬互解：求簡與求正確彼此相解（噬100101＋損110001）

22. 節以解隨：解放是不再跟隨過去的秩序 也是跟隨自己的節拍而不用別人的指揮

節之解隨：節拍的斷續包含了解開與跟隨的二元素（隨100110＋節110010）

23. 妄孚有解：解放是用信神的心解開無常的恐懼 而無常的天意也解釋了神對信仰的試練（無妄100111＋中孚110011）

24. 明夷是藏明 大壯是進取

夷壯為解：解放是一場看不見的聖戰 戰勝自己的貪嗔痴

夷解大壯：解放是自我隱藏 把虛名的世界拋開的壯舉（明夷101000＋大壯111100）

25. 解賁大有：解放是不再求外形美醜的多元（賁101001＋大有111101）

26. 夬解既濟：解可以很快速 像喝一杯水解渴 解像頓悟的一念之間立地成佛

解以夬濟：原諒是最快速的滿足與調和（既濟101010＋夬111110）

27. 乾解家人：如詩如畫的解不只是被動的諒解 更是家人般的相惜

相合（家人101011+乾111111）

28. 泰解為豐：用泰的解不只是切開黑暗　更是將光明無限放大

解豐為泰：放開自戀的豐大是人生最大的交換（豐101100+泰111000）

29. 解離大畜：解放是不再複製自己　而開始擁抱大數

大畜離解：大富的心與放下的心相映（離101101+大畜111001）

30. 解以革需：解放是放開過去的需求　放開慾望的千面　是洗心革面後的無所求（革101110+需111010）

31. 解同小畜：解放化同小畜的質變　在化同的大海得到靈感的救贖（同人101111+小畜111011）

21. 不足與再續（未濟=010101）

不足是一個無窮大的天地　也是時空永續的未來
我們的心感受到不足的存在　作出種種努力往滿足前進
修道者守著不足與缺乏過日子　是持戒以求大道
用有窮的生命尋找無窮的大道　以有限的心開發無限的可能
就是未濟卦的能量

1. 未濟解剝：未濟是輕輕解開消失的過去　往無窮的未來前進（剝
   000001+解010100）

2. 比訟未濟：串連無法滿足矛盾　相斥無法滿足親比
   訟比未濟：心用矛盾的2來描寫未濟的宇宙（比000010+訟010111）

3. 觀困未濟：觀製造困的不足　困製造觀的不足（觀000011+困010110）

4. 豫是簡單與自由　蒙是扭曲與看不清楚
   豫蒙未濟：自由的誤差與模糊的問答製造無限的未知
   豫蒙未濟：簡行之心模糊了心的或缺或足（豫000100+蒙010001）

5. 晉師未濟：求虛名不足於練兵打仗　作戰不足於創造好名
   未濟晉師：未濟之心用唯一的標準製造無數的訓練　用化一的訓練製造無數的標準（晉000101+師010000）

6. 萃渙未濟：渙製造有缺的萃　萃製造不滿足的渙（萃000110+渙010011）

7. 否坎未濟：否製造生命的止息　不足與再續製造無窮的未來　兩者是相垂直的思考
   加維思考製造無限的否定　否定了當維的一切（否000111+坎010010）

8. 謙鼎未濟：未濟是不夠公平的高明　不夠高明的公平（謙001000+鼎011101）

9. 艮恆未濟：未濟是不夠相安的長久　不夠守常的隔絕（艮001001+恆011100）

10. 蹇逅未濟：阻隔製造相遇的不足　共生製造相護的再續（蹇001010+逅011111）

11. 漸過未濟：未濟是太溫柔不夠大膽　太超越不夠循序演化（漸

　成語易經：用卦名創造成語的智慧

001011＋大過011110）

12. 蠱過未濟：未濟是有限的細節中無限的比賽　有限的比賽中無限的細節（小過001100＋蠱011001）

13. 旅升未濟：未濟是有限的旅程中無限的升華　有限升華後無限的旅程（旅001101＋升011000）

14. 咸巽未濟：未濟是有限的感性中無限的尾韻　有限尺度中無限的感知（咸001110＋巽011011）

15. 遯井未濟：未濟是以有限的退隱製造無限的相通　以有限的分享製造無限的豐收（遯001111＋井011010）

16. 復睽未濟：未濟是用有限的復原製造無限的分別　用有限的分別製造無限的還原（復100000＋睽110101）

17. 頤歸未濟：未濟是在有限的迴圈內製造無限的歸屬　用有限的歸屬製造無限的迴圈（頤100001＋歸妹110100）

18. 屯履未濟：未濟是用有限的盤旋面對無限的選擇　用有限的選擇面對無限的盤旋（屯100010＋履110111）

19. 益兌未濟：未濟是有限的幫忙期待無限的對談　有限的對談期待無限的幫忙（益100011＋兌110110）

20. 震損未濟：未濟是用有限的波動期待最大的簡化　用有限的簡化期待最大的波動

    未濟震損：未濟的不足與損的簡單是相震的能量　（震100100＋損110001）

21. 噬臨未濟：未濟是用有限的修錯期待無限的登臨　用有限登臨期待無限的修正

    未濟噬臨：修錯可以無限接近正確　卻永遠不是正確（噬100101＋臨110000）

22. 隨孚未濟：未濟是用有限的跟隨期待無限的相信　用有限的相信
期待無限的跟隨
相信與相隨的人生有無限與有限的轉換關係（隨100110+中孚
110011）

23. 妄節未濟：未濟是順著難測的天意製造無限美妙的節韻　用有形
的節韻面對無限難測的未來（無妄100111+節110010）

24. 未濟夷有：未濟是一種不足　用有限的隱藏逃避無限多元的猜測
用有限的多元觀點檢視無限的真假（明夷101000+大有111101）

25. 賁壯未濟：有限的賁美有不足的壯取　有限的壯氣有不足的美形
（賁101001+大壯111100）

26. 乾之濟濟：神龍般的心把既濟變成不足　把未濟變成滿足　是旋
轉缺與圓的變力（既濟101010+乾111111）

27. 夬家未濟：未濟之心求快而失圓滿　求圓滿而失其速
夬的以一啟萬與未濟的以有限變無限　兩者像家人一樣（家人
101011+夬111110）

28. 豐畜未濟：未濟是用有限的放大期待最大的收藏　用有限的收藏
期待無限的放大（豐101100+大畜111001）

29. 離泰未濟：未濟是有限的複製期待最大的生意興隆　有限的交換
期待無限的複製（離101101+泰111000）

30. 革畜未濟：未濟是試圖用有限的改變製造無限的靈感　用有限的
靈感製造無限的改變（革101110+小畜111011）

31. 同需未濟：未濟的不足化同有所求
未濟是無限的悲憫之心　與蒼生的需要化同（同人101111+需
111010）

成語易經：用卦名創造成語的智慧

22. 界定與困圍（困=010110）

　　萬物都享有它的界定　　活在一定的範圍

　　細胞困在細胞膜之內　　人類困在地表10公里之內

　　困是兩面刃　　一是封圍了內外的相通

　　一是界定了清楚的存活界線

　　因此可以安居樂業　　都是困卦的能量

1. 剝訟得困：困是劃定不再相矛盾的範圍（剝000001+訟010111）

2. 比解為困：解開了連比類比　　困的界定更狹義（比000010+解

010100）

3. 困觀未濟：困製造觀的不足　觀製造困的有缺（觀000011+未濟010101）

4. 困豫爲坎：界定的心與誤差的行相坎　困難與容易相坎（豫000100+坎010010）

5. 晉渙困來：困是失去標準後的隨風渙散

困渙成晉：只當有困有渙的調和　才能成爲一種標準（晉000101+渙010011）

6. 萃師有困：萃困於位　師困於律　知困而成精萃之師

師以困萃：兵法對外用困圍　對內用萃練（萃000110+師010000）

7. 困否爲蒙：否定也是一種界定　蒙的肯定是困的否定

以困否蒙：困是是清楚的界定　是不清楚的否定　也是扭曲的否定（否000111+蒙010001）

8. 困謙大過：謙困於廣愛　大過困於獨善

困住了謙心則製造了大過心（謙001000+大過011110）

9. 困艮成姤：把獨立的個體們困在一定範圍　就開始了共生的遇合（艮001001+姤011111）

10. 以困恆蹇：困是長久的阻隔與保護

以困蹇恆：界定的困可以保護守恆的語意（蹇001010+恆011100）

11. 以困漸鼎：界定生命的困之後可以演化更高的文明

困之漸鼎：固執的困是不會轉化的文明　不會創新的演化（漸001011+鼎011101）

12. 小過井困：在細節與過程的研究中可以發現通路與困阻的糾纏

成語易經：用卦名創造成語的智慧

小過是不會井通的糾纏　井通是不會小過的通遠　彼此相困（小過001100+井011010）

13. 旅巽相困：困是失去自由度的旅行　沒有微風路過的樹梢　沒有旅客的空店（旅001101+巽011011）

14. 咸升相困：困是無法升華的感知　沒有感知的虛化（咸001110+升011000）

15. 困遯相蠱：困圍與退遯是生命與死亡一生的賽局
遯蠱相困：遯退是沒有比賽的勇氣　蠱賽是不會見好就收的賭性　兩者相困（遯001111+蠱011001）

16. 復兌求困：定義的困是一直重復的對談 不斷精確的共識
復兌相困：還原是不再對談的休息　對談是不再歸無的相知　彼此相困（復100000+兌110110）

17. 困履成頤：困是集合內的命運　充滿無法回頭的路　也是一直循環的路
履頤相困：履命是不思輪迴的淺命　頤命是不用選路的生態　兩者相困（頤100001+履110111）

18. 困屯歸妹：困是無所歸的盤旋　也是自旋後的歸我心（屯100010+歸妹110100）

19. 以困益睽：界定的困可以幫忙對立的智慧（益100011+睽110101）

20. 困震生節：困內的生命用波動製造豐富的節律
困節相震：困是界定內外的範圍　節是增加分節的轉折　節則不困 兩者相震（震100100+節110010）

21. 噬孚成困：修正的行動緊縮了互信　是相信的困局（噬100101+中孚110011）

22. 隨困而臨：跟隨最精確的界定　可以加速登臨舞台的人生
　　隨臨相困：跟隨是不想自臨的抄襲　自臨是不想跟隨的登高（隨
　　100110＋臨110000）

23. 困損無妄：知困的心是安於無妄與簡單的心　可以減損無常的恐
　　懼（無妄100111＋損110001）

24. 困夬明夷：界定了一事一物　就啟動了它的存在　並同時隱藏了
　　其它類似的集合（明夷101000＋夬111110）

25. 困賁相乾：困是界定難易的範圍　賁是畫醜成美　化困為美是乾
　　卦轉動乾坤的大能力（賁101001＋乾111111）

26. 困以濟壯：守困之心自足於方寸　可以調和征伐進取的貪念（既
　　濟101010＋大壯111100）

27. 困家大有：知困之心是不求多元的完美　不求完美的多元（家人
　　101011＋大有111101）

28. 以困豐需：困是放大的缺需　但知困之心卻能豐富眾生　困而大
　　需 大需是愛的放大（豐101100＋需111010）

29. 困離小畜：知困之心與靈感之心相映　知困是歷困人生的突變
　　（離101101＋小畜111011）

30. 泰困為革：用泰的心把困的界定賦于豐富的變革　能困能革的心
　　正是泰順的保證（革101110＋泰111000）

31. 大畜同困：知困用界是一種大富的修為　困於地球的人類化同於
　　幸福的大畜（同人101111＋大畜111001）

成語易經：用卦名創造成語的智慧

23. 相斥與矛盾（訟=010111）

萬物皆相斥　才能占有自己的時空　我不是妳　我和妳才各自存在
我們要感謝相斥的力量　如此時空才不會重疊　意義才不會矛盾
矛盾是兩種想法互相排斥　這是訟卦的能量　但訟卦也排斥矛盾
擠在1裡面會矛盾　分開為2就不矛盾　所以訟卦是2的保衛者
心用排斥或矛盾來確立彼此不同　這也是由1而2的保證
困剝訟生：界定的剝壞製造了重疊的矛盾

1. 訟剝生困：剝的一點要變成困的一個集合　靠的是訟的外斥力
   （剝000001+困010110）
2. 比訟未濟：訟爭造成比盟的缺塊　當下的連比造成未來的矛盾
   （比000010+未濟010101）

3. 觀解成訟：一個人的觀分解為二　形成相爭的愛恨善惡（觀 000011+解010100）

4. 豫渙相訟：一個人的自由豫動與一群人的擴張傳播相訟（豫 000100+渙010011）

5. 晉訟相坎：唯一的標準與爭論的矛盾是垂直交坎的思維

   巨星崇拜的天性與文人相輕的天性　互相交坎（晉000101+坎 010010）

6. 萃蒙相訟：結晶的亮麗與秩序相訟於蒙的模糊與扭曲（萃 000110+蒙010001）

7. 否師相訟：心的服從與拒絕相訟（否000111+師010000）

8. 謙姤相訟：謙退入地與姤合進天　兩者相訟（謙001000+姤 011111）

9. 艮訟大過：相安的艮與極端的大過相訟（艮001001+大過 011110）

10. 蹇鼎相訟：知難而退與求明而升　兩者相訟（蹇001010+鼎 011101）

11. 漸恆相訟：演化與守恆兩者相訟

    訟漸成恆：矛盾相爭與溫柔轉進引導心走向恆久之路（漸 001011+恆011100）

12. 小過訟巽：斤斤計較與寬容大方彼此相訟（小過001100+巽 011011）

13. 訟之旅井：相訟之力可以行遠與通深　旅以近明　井以訪幽　兩者相訟（旅001101+井011010）

14. 訟之咸蠱：相訟之力存在感性的有無與競賽的勝負

    咸之訟蠱：感性如痛感存在正反價值的相爭與淘汰（咸001110+

蠱011001）

15. 訟之遯升：相訟之力引導退逃與升華（遯001111+升011000）

16. 復履相訟：履道往前與復道還原　兩者相訟（復100000+履110111）

17. 以訟頤兌：相爭論顛倒了相知相悅

    訟頤相兌：相矛盾與相循環 相爭論與相角色替換 都是相知相談的元素（頤100001+兌110110）

18. 訟屯相睽：排斥彼此與相擁盤旋二者相對立（屯100010+睽110101）

19. 以訟益歸：矛盾的愛恨可以加值歸妹的行動（益100011+歸妹110100）

20. 訟震中孚：相訟力造成分開的兩端　震波也有來回的兩端　兩端間的同心共信就是中孚（震100100+中孚110011）

21. 訟之噬節：相訟的矛盾存在除惡留善與節長留短的行動中

    噬節相訟：雕刻的手法與章節的作法在修心過程中彼此相訟（噬100101+節110010）

22. 訟之損隨：訟的排斥力讓跟隨力日減　直到不再跟隨（隨100110+損110001）

23. 訟之臨妄：無妄是未來的偶然　臨是現在的必然　必然與偶然相訟（無妄100111+臨110000）

24. 明夷訟乾：乾剛的堅強包含了潛藏與自我相訟（明夷101000+乾111111）

25. 訟之賁夬：矛盾存在美的定義中　也在無中生有的宇宙中（賁101001+夬111110）

26. 訟濟大有：矛盾存在心的滿意與多元中　矛盾可以調和多元的智

慧（既濟101010＋大有111101）

27. 訟壯家人：相訟的環境壯大了家人的親情（家人101011＋大壯111100）

28. 訟豐小畜：一個膨脹的宇宙累積了無所不在的相斥力
一個膨脹的自我終將突變爲矛盾的自我（豐101100＋小畜111011）

29. 以訟離需：相訟力與相需力一吸一斥　彼此相映（離121121＋需111212）

30. 訟革大畜：相訟是萬物在革新中累積歷史（革101110＋大畜111001）

31. 泰訟同人：用泰的相訟是化同天地　把色空的矛盾化同（同人101111＋泰111000）

24. 升華與虛化（升=011000）

重力把萬物牽引往下　同時把較輕的事物往上推高
所以升是重力的反作用力 升華是沉重下墜的相反
虛化是實化的相反　萬物都有虛實兩種性質　虛多實少則變輕
由實變虛與萬物求升求高的本性 都是升卦的能量

1. 升以剝蠱：每一次的比賽勝利就升階一次　升是不斷淘汰對手到
   結束比賽（剝000001+蠱011001）
2. 升以比井：升高與通深對比　升維是合縱與連橫的相升（比

000010+井011010）

3. 升觀爲巽：升是最有彈性的觀想　巽是無邊無屆的想像力　想像力是觀察力的升階（觀000011+巽011011）

4. 升之豫恆：升是從誤差變爲守恆　從經常變爲順動

   恆唯升豫：唯一的恆久是不停升華的豫動

   豫恆相升：自由度與守恆是彼此的升華（豫000100+恆011100）

5. 晉鼎互升：升高的標準是文明的創新　不斷升高的創新是唯一的標準（晉000101+鼎011101）

6. 萃升大過：而在至虛上求實　在至實下求虛　都是超凡入聖的能力（萃000110+大過011110）

7. 否升爲遯：升是離開地表　與有殞自天的姤遇相否定

   否是不適生存的逆境　把逆境升華就是可以共生的世界（否000111+遯011111）

8. 師謙互升：貫徹己命與兼愛衆生之間　互升

   以謙行師則不驕敗　以師行謙則不空談　都是升華的行動（謙001000+師010000）

9. 升以艮蒙：升華是與模糊的世界相安　是我們與衆星的關係　遠隔而模糊（艮001001+蒙010001）

10. 蹇坎相升：蹇與坎在阻擋後的發展不同　蹇是安住下來　坎是相學習交融　所以互升（蹇001010+坎010010）

11. 漸渙相升：漸是在平面上的暈開　渙是在風中的擴散　漸升而渙

    溫柔漸進是逍遙擴散的提升　反之亦然（漸001011+渙010011）

12. 過解相升：解脫是糾纏的升華　細節是理解的升華（小過001100+解010100）

13. 旅是心的求美過程　未濟是心的求缺守缺

升旅未濟：求美與守缺是心的自我提升　而求缺求美是心的提升之旅程

缺中求美　美中守缺　是升華的心靈（旅001101+未濟010101）

14. 升咸不困：無法界定的感性就是升華

困咸而升：自困於無感的天地也是脫離紛擾的提升

困中升咸：在可愛的範圍內享受訊息的世界也是感性的提升

升困有咸：而升虛與困實之間蘊藏生命豐富的感動（咸001110+困010110）

15. 遯是退隱得實　訟是相斥

升遯相訟：一隻逃豬與一縷炊煙相斥

升訟為遯：遯是訟的虛化　訟求公義遯求實利　訟是遯的天敵（遯001111+訟010111）

16. 升而復泰：升是離開世界往天堂安住 是生死最大的交換 也是由有復無的還原（復100000+泰111000）

17. 大畜是人類佔有地球最大的資源 頤是減碳環保的努力

升畜求頤：升是由佔有變成環保的過程（頤100001+大畜111001）

18. 升需為屯：升是離心力與需向心力的平衡造成了天體的盤旋（屯100010+需111010）

19. 益畜得升：益的合作製造了人類社會的突變 而合作的突變把人從野獸升華成靈類

畜升相益：升華與突變是兩種相加的能量（益100011+小畜111011）

20. 震升大壯：共鳴互震是理直氣壯的升華

升壯相震：升華自己與征服別人是相震的兩種能量（震100100+

大壯111100）

21. 升噬大有：升華是放下對錯的屠刀　向神的歸依　修錯與升華組成多元的是非善惡（噬100101+大有111101）

22. 升以夬隨：升華是新的秩序　新的跟隨（隨100110+夬111110）

23. 升以乾妄：升華是戰勝無常的自己
乾升無妄：無妄是行往否逆的無常世界　升是進升虛冥無色的天堂　彼此相抗逆（無妄100111+乾111111）

24. 升臨明夷：升虛與沴衆是光明的日夜相藏　虛升實臨　虛臨實升（明夷101000+臨110000）

25. 賁損相升：定形的簡化　簡化的定形　都是升華的方向（賁101001+損110001）

26. 節升既濟：用節約花費增加滿足的升華（既濟101010+節110010）

27. 孚家相升：把神當成家人是信心的升華　把親情當成信仰是親情的升華（家人101011+中孚110011）

28. 歸妹升豐：放大的升華是割捨　把王妹遠嫁的升華是擴大王治的版圖（豐101100+歸妹110100）

29. 升離相睽：升華是離開複製的自己 所以升與離相睽
離睽相升：複製相同與分別不同　互升（離101101+睽110101）

30. 革兌相升：革命的行動與談判的行動相升
變形與碎形的變化也相升（革101110+兌110110）

31. 升履同人：升華是一層層的選擇而登高　所以和履卦化同
以履升同：用王道化同我與衆生　是大同觀的升華（同人101111+履110111）

成語易經：用卦名創造成語的智慧

25. 挑戰與淘汰（蠱=011001）

在物競天擇的理論中　萬物互相挑戰　淘汰弱者留下強者
所以大自然是一個大賽局　生命為生存激烈比賽直到勝出
適者生存的手段是挑戰與淘汰　也是生命自我強化的日常

1. 蠱以升剝：蠱是生命不斷挑戰更強與升階　直到淘汰所有競爭者
   而得到升階的結局（剝000001+升011001）
2. 比是唯一的盟主　巽是最亂的混合
   蠱巽求比：蠱是從最亂的混合開始淘汰　直到產生唯一的盟主
   比蠱而巽：比是類比的符號　蠱是符號的自我淘汰　直到有最寬
   的應用與想像（比000010+巽011011）
3. 蠱觀得井：蠱是不同觀想彼此爭論　直到鑽通了某個難題（觀

000011+井011010）

4. 蠱鼎得豫：蠱是創新文明的彼此挑戰　直到產生最簡易的勝出

蠱豫得鼎：也是豫動的自我淘汰 直到產生創新的鼎

豫鼎相蠱：簡單與高明是棋逢敵手的競爭（豫000100+鼎011101）

5. 蠱晉得恆：蠱是不同標準間的挑戰　直到最久的留存

蠱恆得晉：也是不同常態慣性間相挑戰　直到產生最亮麗的標準（晉000101+恆011100）

6. 蠱萃得姤：蠱是不同的秩序與倫理間的挑戰　直到共生態的出現

蠱姤得萃：也是不同碰撞間的挑戰　直到最後的結晶秩序出現

蠱生萃姤：共生態與結晶體都是萬物相蠱的產物（萃000110+姤011111）

7. 蠱否大過：蠱是生命在否境中的挑戰　直到最超凡的存活與勝出

蠱過而否：也是各種超越的想法互相挑戰　直到否定了所有的對手（否000111+大過011110）

8. 蠱蒙得謙：蠱是最模糊的開始　最公平的結束

蒙謙相蠱：也是公平的模糊與模糊的公平間永恆的爭論（謙001000+蒙010001）

9. 艮是隔絕與相安　師是的作戰的訓練　艮的挑戰是自安不相擾　師的挑戰是貫一不二

蠱師得艮：蠱是不同兵法間的挑戰　直到各有殊勝彼此相安的存留

師艮蠱之：也是不同獨立物種間不斷地生死作戰的宿命

艮師相蠱：個體的相安存活與用兵的強弱道理很不同　彼此相挑戰

成語易經：用卦名創造成語的智慧

絕情自私的理想與貫一畜眾的兵法相挑戰（艮001001+師010000）

10. 謇渙相蠱：蠱是病毒的擴散力與宿主的阻隔保護力間的作戰（謇001010+渙010011）

11. 漸蠱相坎：蠱是汰弱留強的爭鬥　漸的慢演而強與蠱的汰弱呈交坎的關係
　　漸的發展決定了淘汰的勝負　淘汰的威力決定了漸的方向（漸001011+坎010010）

12. 蠱過未濟：蠱是從糾纏的當下　經過淘汰後移到永續的未來
　　蠱之濟過：是時間序列上當下與未來的相爭（小過001100+未濟010101）

13. 以旅解蠱：行遠是為了解開蠱爭的關係
　　蠱旅得解：蠱是不同的旅程相爭　直到解開最美的祕境　是不同的運算法相爭　直到完成最佳解
　　蠱解得旅：也是不同的理解相爭　直到完成生命的閱讀　真理的探索（旅001101+解010100）

14. 咸是感性　訟是相斥
　　蠱訟得咸：蠱是狼性　是不同相斥力間的拉扯　直到最敏銳的感性產生
　　蠱咸得訟：也是不同感性間的競爭　直到完美的矛盾出現（咸001110+訟010111）

15. 蠱遯得困：蠱是不同的退逃機制相競爭 直到安全的界定出現
　　蠱困得遯：也是生命在不同的圍困下　競爭發展出成功的退逃
　　蠱之困遯：是圍棋的規則　用圍困與遯逃來比賽（遯001111+困010110）

16. 蠱復大畜：蠱是生命用不同的休復能力相競爭　直到完成最大的族群

　　蠱畜得復：也是生命用最大的收集　競爭最快的復原力

　　蠱之復畜：休復與積富是生命相爭的能力（復100000+大畜111001）

17. 蠱之泰頤：頤的環保觀與泰的興盛觀是恆久的相爭

　　蠱是生存競爭的總合　是追求最大生態與最順旺環境的總合　是新陳代謝與循環輪轉的總合（頤100001+泰111000）

18. 蠱屯小畜：蠱是生存的競爭　生命用突變與盤旋走上更蓬勃的存亡之路（屯100010+小畜111011）

19. 益是合作的加法　需是相需的萬物

　　蠱之益需：益是給人恩澤　需是缺水的狀態　兩卦相爭

　　蠱益得需：蠱是生命用合作的方法相競爭　直到完成最相需的族群

　　蠱需得益：也是用相需的廣深　競爭完美的合作模式（益100011+需111010）

20. 震是上下波動　大有是多元

　　蠱震大有：蠱是多元的清掃者　競爭的最後只留下最強最適者

　　大有震蠱：多元也討厭蠱爭　因為多元納異是天地所容　所以蠱與大有相震（震100100+大有111101）

21. 噬壯相蠱：修己與用壯是相爭的人格

　　蠱之噬壯：蠱是進取的雙方相競爭　在修錯的過程中尋求勝出也是對強弱不均的修正直到公平競賽出現

　　蠱噬得壯：也是不同修錯的演化中　生命發展出大壯的優勢（噬100101+大壯111100）

成語易經：用卦名創造成語的智慧

22. 蠱隨爲乾：蠱的挑戰是對跟隨的抗逆

　　蠱乾爲隨：挑戰會導致傳承　是經過長久抗逆後的跟隨

　　蠱之隨乾：挑戰更強是對戰勝自己的意志永恆的跟隨（隨100110+乾111111）

23. 蠱妄得夬：蠱是從無常的賽局開始　直到開創新的常勝（無妄100111+夬111110）

24. 損蠱明夷：鬥爭是生存最簡單的眞理　至簡的鬥爭是隱藏自己（明夷101000+損110001）

25. 蠱之賁臨：蠱是生命的競爭中　求外形與內實相淘汰後的總合（賁101001+臨110000）

26. 蠱以濟孚：蠱是生命用競爭來完成最強的演化　是最適者與最忠誠者的群體

　　旣孚相蠱：旣濟是內足　中孚是外信　兩者是心對內外價值的相爭（旣濟101010+中孚110011）

27. 蠱之家節：蠱是生命在競爭後完成最強的組合　用不斷分節與組合來伸縮生命的外形與功能（家人101011+節110010）

28. 蠱之豐睽：蠱是生命在競爭中 發展出放大的形體與細分的覺知

　　也是眞理在競爭中　用放大的觀察與無窮的細分來勝出

　　蠱睽爲豐：不斷淘汰的對比正是二元宇宙的放大（豐101100+睽110101）

29. 離是分裂相映　歸妹是割捨歸一

　　蠱離而歸：蠱是歸一的爭鬥　是經過不斷分裂複製後的歸一

　　蠱歸離道：而當王者確定後　蠱是能最快自我複製的王者

　　蠱歸相離：淘汰與歸依是相映的生存之道（離101101+歸妹110100）

30. 蠱之革履：蠱是生命相革的競爭　也是擇履的相爭
　　生命存留的條件是自革的尺度與擇履的正確性（革101110+履
　　110111）

31. 蠱兌同人：蠱是相淘汰的雙方　兌是相辯論的兩人　蠱製造適者
　　生存　兌製造最後共識
　　所以蠱化同於兌（同人101111+兌110110）

26. 互通與分享（井=011010）

世界充滿各種通路　讓資訊與物流能暢通
眼耳口是生命的通路　幫助溝通的心分享彼此的確幸
溝通不廉價　要打開封閉　像挖開一口井一樣辛苦
互通的世界是美好的　分享的心是快樂的
這是井卦無所不在的能量

1. 剝巽成井：井需要精確貫通深厚的泥土　所以是雜亂的結束　精
　　通的開始（剝000001+巽011011）

2. 比是連比　升是往上升階

　　井爲比升：井是往下的通深　也是把水往上的分享　所以井與升
　　相連比

　　比升成井：井通也是連比的升階 是更有深度與升階的連比

　　以井比升：比是領導　分享是升華的領導（比000010+升
　　011000）

3. 蠱觀得井：井是開通　挑戰自己的觀想可以開通新的領悟（觀
　　000011+蠱011001）

4. 井豫大過：井通是對凡俗的超越　是超越後的順動

　　豫井大過：井通是看透小小的誤差與極端值兩者後的互通（豫
　　000100+大過011110）

5. 井之晉逅：晉是知與被知的相通　逅是共生群的相通　井通是把
　　高貴的知識分享給共生的你我（晉000101+逅011111）

6. 萃恆得井：井通是結晶去雜質後的恆定　讓光可以輕輕透過自己
　　（萃000110+恆011100）

7. 井鼎相否：相對鼎的營高創新與錦上添花　井的通深與活水濟人
　　與默默鑽精　兩者相否（否000111+鼎011101）

8. 謙井相坎：井通挖深而升水　與謙的以高施廣　兩者相垂直交錯
　　（謙001000+坎010010）

9. 井艮而渙：井通是獨立的一口井　卻能把地下的水遠遠傳播（艮
　　001001+渙010011）

10. 師以塞井：必勝的兵法是用來保護泉湧不涸的井　善兵者外阻而
　　　內通（塞001010+師010000）

11. 井蒙相漸：井通是漸漸消失的模糊不清（漸001011+蒙010001）

12. 過困得井：在界定的線上小小的跨過　在困的範圍內微細地研究

成語易經：用卦名創造成語的智慧

就是井通的開始（小過001100+困010110）

13. 井通旅訟：在矛盾間行旅　可貫通相訟的兩方　是心經的行深般
若波羅蜜多時的彼岸（旅001101+訟010111）

14. 咸解得井：咸是與訊息相通的五蘊　解是與心結相通的理解
五蘊的感覺與理解的心可以建立溝通的窗口（咸001110+解
010100）

15. 井遯未濟：井通可以退去不足的眞相
一技之長可以隱藏不足的生活（遯001111+未濟0101010）

16. 以井復需：井通還原了需要　是取之不盡的水源
心意相通是愛與被愛的來回（復100000+需111010）

17. 井頤小畜：積與變的循環與宇宙的大小圓全部相通（頤100001+
小畜111011）

18. 井通屯泰：盤旋是動靜的相通　泰是天地的相通
井通是看透自旋的地球等同平順的日夜交換（屯100010+泰
111000）

19. 井通益畜：益是施與受的通　大畜是現在與巨大的記憶相通
井通是用雲端的通路幫助累積巨大的文明記憶（益100011+大畜
111001）

20. 井夬相震：井通是蟲洞　夬是奇異點　震是重力波　宇宙的井與
夬在重力中相震
井以夬震：井通是用共鳴的號啟動不同的心（震100100+夬
111110）

21. 井噬爲乾：井通可以見眞相　噬錯可以得正果 井與噬是診斷學的
不同手法
把人的愚昧吃乾淨　就剩下與神相通的智慧（噬100101+乾

111111）

22. 井隨大壯：井通是跟隨自然與用易不用力的相通（隨100110+大
壯111100）

23. 井通妄有：井通是貫通無常亂數與多元大數的關係（無妄
100111+大有111101）

24. 井節明夷：井通是發現隱藏的節拍 聽出節拍中隱藏的心意（明夷
101000+節110010）

25. 井賁中孚：井通是從一張圖看到作者的心意
從一個信仰中看到美的種種 從一個美看到種種信仰（賁101001+
中孚110011）

26. 既濟是水與火的相剋又相通 臨是表演者與觀賞者的相通
井臨既濟：井通是用滿足相親近的兩顆心 是親近身邊豐富的幸福
（既濟101010+臨110000）

27. 井損家人：井通是家人間彼此用損己利他的心相通 相通是家人的
最簡元素（家人101011+損110001）

28. 豐是放大的前後相通 兌是相談的兩人相通
豐以井兌：井通是從放大鏡下看見彼此的重疊的真心（豐
101100+兌110110）

29. 井之離履：井通是一變二的離與二選一履之間的相通
是作莊者與賭客間的相通（離101101+履110111）

30. 井革歸妹：井通是改變過去與迎向未來的相通（革101110+歸妹
110100）

31. 井睽同人：精通的心與善辨的聰明化同
通天的能力包含化同天地與睽分萬物（同人101111+睽110101）

27. 包容與彈性（巽＝011011）

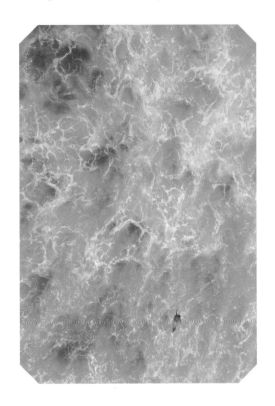

有 ·種生命的特質　像樹梢上的微風　無質無形　優雅逍遙
它不選擇樹梢　它包容一切的樹梢　它不催促拉扯　它鬆柔輕撫
心也有一種特質　喜歡胡思亂想　聽人胡說八道　見怪不怪
總是包容
生命需要彈性與鬆柔 才能耐壓耐折
人與命運的關係也是 忍受它包容它適應它 都是巽卦的能量

1. 巽以剝井：生命的彈性是忍受處處的井通與剝壞（剝000001+井011010）

2. 巽比不蠱：最大的包容與彈性可以結盟最多的朋友而不作淘汰
   巽蠱而比：亂數經過淘汰留下唯一的公約數（比000010+蠱011001）

3. 巽以升觀：心的彈性是升華的觀　是胡思亂想　是幻想與假想的總合（觀000011+升011000）

4. 巽以豫逅：命運的彈性包容自由的緣遇與共生（豫000100+逅011111）

5. 巽晉大過：心的彈性是遠離標準和盡情與率性的超越（晉000101+大過011110）

6. 巽之萃鼎：彈性是遠離秩序與純度和盡情的創新營高（萃000110+鼎011101）

7. 巽以否恆：彈性是在長久否定下仍能持恆的特質
   巽以恆否：鬆寬接受被長久否定的自己（否000111+恆011100）

8. 謙是求均 渙是擴散
   巽謙而渙：彈性是遠離公平和盡情地傳播擴散
   巽之謙渙：鬆寬是謙懷若谷的極度擴散（謙001000+渙010011）

9. 巽之艮坎：艮是獨立隔絕不交錯　坎是交錯的線
    彈性是不交錯和交錯的自由與總合（艮001001+坎010010）

10. 蹇是阻擋與保護　蒙是模糊與扭曲
    巽以蹇蒙：彈性是經過模糊與扭曲後仍能阻擋變形的本質（蹇001010+蒙010001）

11. 巽漸而師：彈性是從漸進的開始到絕對的服從
    是兼有長遠演化後的雜亂與一貫不變（漸001011+師010000）

成語易經 用卦名創造成語的智慧

12. 巽之過訟：彈性是遠離糾纏和發揮最大的抗張性（小過001100+訟010111）

13. 巽之困旅：彈性是從生命被圍困壓縮發展到無限時空旅行（旅001101+困010110）

14. 巽咸未濟：彈性是遠離敏感和擁抱好奇　也是遠離不滿和盡情延伸感受（咸001110+未濟010101）

15. 巽之遯解：彈性是最柔軟的進退與最輕巧的分合（遯001111+解010100）

16. 巽復小畜：彈性是既可突變也可還原的本質（復100000+小畜111011）

17. 巽之頤需：彈性是活在養與被養的生態圈　經驗愛與被愛的無邊世界
    是最大的需缺與最大的頤養能力（頤100001+需111010）

18. 巽屯大畜：是記憶中的盤旋　盤旋中的記憶　是螺進的歷史　也是歷史的螺進（屯100010+大畜111001）

19. 巽以益泰：彈性是加法的廣度與交換的熱度（益100011+泰111000）

20. 巽以震乾：彈性是不斷加大的震波直到戰勝或認輸都無所謂（震100100+乾111111）

21. 巽以噬夬：彈性是包容一切對與錯和任何的啟動與無中生有
    修正了夬的精密 製造巽的寬鬆（噬100101+夬111110）

22. 巽隨大有：彈性是隨興的多元或單一（隨100110+大有111101）

23. 巽之妄壯：彈性是穿梭無常與有常　用壯或示弱（無妄100111+大壯111100）

24. 巽之夷孚：彈性是從相信騙局到懷疑真理（明夷101000+中孚

110011）

25. 巽之賁節：彈性是從浪費的醜到簡約的美（賁101001+節
110010）

26. 巽損既濟：彈性是從不滿與貪婪到簡單滿足（既濟101010+損
110001）

27. 巽之臨家：彈性是從遠離與對立到接近與相惜（家人101011+臨
110000）

28. 巽之豐履：彈性是從縮小的選擇到放大的逍遙（豐101100+履
110111）

29. 巽之離兌：彈性是遠離自我抄襲與僵硬的共識
在風與浪的相映中　無限混沌與碎形相依相戀（離101101+兌
110110）

30. 巽之革睽：彈性是在變革與睽分的壓力下維持不變合一的本質
巽是不受革變的本質　革是不再寬鬆的革除　兩者相睽（革
101110+睽110101）

31. 巽歸同人：彈性是從歧視不歸到化同與嫁遠
嫁遠的命運化同巽風的寬鬆大容（同人101111+歸妹110100）

28. 持久與守恆（恆＝011100）

持久是一種幻覺　時間的幻覺　守恆也是
剎那也可以是持久　如果它與萬分之一的剎那相比
守恆是誤差的升華　加大可容忍範圍　誤差可以等同守恆
變與不變的關係也是 只要變的尺度可被接受 便說它是不變
萬物皆恆　在變與不變間存在　這是恆卦的能量

1. 鼎剝得恆：持久是對剝壞與結局不斷地經營與創新　持久是剝壞與
   創新的總合

鼎以恆剝：不斷創新恆等於不斷剝除老舊（剝000001＋鼎011101）

2. 恆比大過：持久可類比時序的極端　比別人久就是大過

恆者比過：而守恆的運算則把最極端值也連比到一個小小範圍內

以恆比過：在符號與語意的世界　符號是看得到的常數　語意的類比製造各種心思的極端值（比000010＋大過011110）

3. 恆者觀逅：持久是與固執碰撞後變成觀其生與觀我生的共生

觀逅相恆：觀是無形的逅體　逅是有形的觀體　二者恆等（觀000011＋逅011111）

4. 豫升為恆：守恆是任意的誤差與升華的總合　是升虛後又可豫現的滅與生

豫升恆同：豫動是升華的本質　升華是豫動的化身　二者恆等

心的升虛與境的自由恆等（豫000100＋升011000）

5. 恆以晉蠱：求恆是對標準的淘汰　也是淘汰後的標準

晉蠱恆同：標準製訂了賽局　賽局是為了制訂標準　二者恆等（晉000101＋蠱011001）

6. 恆以萃井：恆是持久的通路與秩序　也是治亂與通阻的共有

萃井恆同：萃有位的倫理世界　與改邑不改井的流通世界恆等（萃000110＋井011010）

7. 否是否定　巽是彈性

否巽為恆：固執是彈性的否定　守常是不再寬鬆延伸

否之巽恆：生命在否定中感受彈性　體驗持久

否巽恆同：在否境中長久與在彈性中不變　二者恆等（否000111＋巽011011）

8. 謙心恆有解：謙卑的心是破解困難的日常

成語易經：用卦名創造成語的智慧

謙解恆樂：而快樂的守恆要用諒解與謙虛

謙解恆同：謙虛的兼愛與諒解的放下　二者恆等（謙001000＋解010100）

9. 恆艮未濟：恆的固執是隔絕被影響　恆的堅持是維持再續

未濟恆艮：貪念的持久會變成善良的隔絕

艮與未濟恆同：隔絕的關係與不相濟的關係　恆等（艮001001＋未濟010101）

10. 恆以蹇困：恆可以超越阻擋與圍困　恆也製造阻擋與圍困

而當界定與保護都喪失後　真正的守恆是不用界定與保護的總合

蹇困恆等：蹇的阻擋與困的不通恆等　蹇的保護與困的擁抱恆等（蹇001010＋困010110）

11. 恆漸相訟：守恆與演化相斥

恆之漸訟：守恆是矛盾的不斷演化

恆漸成訟：持久的演化終將變成相斥的物種

漸訟恆等：演化的內在是相訟的矛盾　一如安定與冒險的相訟又相演（漸001011＋訟010111）

12. 恆之過師：持恆的細節是一貫的服從　也是略過細節後的一貫

恆與師卦的細節都是慣性

恆師小過：在慣性的世界　糾纏在剎那等同持恆的訓練　持恆與慣性的細節等質

過恆為師：時空持恆的本質在細節與剎那　心意服從的細節是慣性與紀律　故細節加恆後等於師卦（小過001100＋師010000）

13. 恆以旅蒙：持恆的心法是大量的行旅與模糊焦點　也是占有更大的時空與或許

旅蒙恆等：行遠的心發現過程的美麗　發蒙的心發現好奇的勝境　二

者恆等（旅001101+蒙010001）

14. 恆咸相坎：恆是理性 與感性交錯

咸乃恆坎：感性是百種理智持久的交錯

咸坎恆等：咸的微分法與坎的交點減維法恆等（咸001110+坎
010010）

15. 恆之遯渙：恆是感性的退隱變成理性的擴散

遯渙恆等：個體的退隱與粒子稀釋在擴散中恆等　退而得實與散
而得群也恆等（遯001111+渙010011）

16. 恆復大壯：恆是回復與進取的總合　持久的再生能力是守恆的自
壯

復壯恆等：復原自己的生機與征服別人的病亡　意義上恆等（復
100000+大壯111100）

17. 恆頤大有：恆是不斷循環的多元　是無所不包的循環　也是循環
後的多元變單一

頤有恆等：正反相循的生態與多元大有的世界恆等（頤100001+
大有111101）

18. 恆之夬屯：恆久是最快的啟動後形成最穩定的盤旋

夬後恆屯：宇宙從大爆炸開始　從來沒停過動靜與冷熱的盤旋

夬絕恆屯：無中生有的夬來自穩定且隱藏的自旋的結束

夬屯恆等：夬的變化有無與屯的動靜盤旋之間有恆等的關係（屯
100010+夬111110）

19. 益是加法 乾是抗逆

恆之益乾：幫助或抗逆　是最善變又恆定的兩種心性

益乾有恆：幫助自己更強　是益與乾的守恆

益乾恆等：益的加值與乾的變強有恆等的關係（益100011+乾

111111）

20. 震是來回波動　泰是交換

恆泰互震：恆定討厭交換　故與泰相震

恆震得泰：而在波動中守恆　在氣韻中持久　是人生最順泰的心法

震泰恆等：波的來回震動與泰的大小來往有恆等的關係（震100100＋泰111000）

21. 噬畜得恆：修錯得正果　大積得的大數據　正確的大數據是人工智慧的守恆

噬畜恆等：修錯得正與養賢得富的關係恆等（噬100101＋大畜111001）

22. 恆之需隨：關係的恆定是在相需中相隨

隨需恆等：相隨的陪伴與相需的互擁有恆等的關係（隨100110＋需111010）

23. 恆之妄畜：守恆不歡迎無常與突變　但無常與突變卻是人生最守恆的兩件事

妄畜恆等：在機率的世界　無常與突變恆等（無妄100111＋小畜111011）

24. 恆之夷歸：守恆像一幅畫　可以從過去穿梭到明大　並且把所有的昨天藏起來

守恆是我們不知道的祕密　偷渡到未來

夷歸恆等：藏明於今世恆等歸妹於來世（明夷101000＋歸妹110100）

25. 賁是美的定形　睽是二元分別

恆之睽賁：定形的美不是守恆的美　永恆的美不能定形　甚至是

美醜不分

恆賁成睽：持久的定形會形成差別心

賁睽恆等：賁的定形得相與睽的破孤成對有恆等的關係（賁101001+睽110101）

26. 恆兌既濟：守恆的碎形是放大後它的邊還是同形的重復

守恆的共識是經過無數次相談　還是一樣的滿意

既濟恆兌：圓滿是談心的兩人恆久的相悅

濟兌恆等：水火調和與兩心精確恆等（既濟101010+兌110110）

27. 恆履家人：守恆的心選擇相惜的路　是一組密碼　可以開啟永恆的金庫

恆家為履：持久的家人是最幸福的路

家人與履恆等：組合的英文是combination也是密碼的意思也是履卦的選碼　家人與履有恆等的關係（家人101011+履110111）

28. 豐是放大 臨是接近

豐臨恆等：像拍電影一樣　鏡頭的放大等同觀看者的接近

恆之豐臨：守恆是用放大來接近　用接近來放大（豐101100+臨110000）

29. 恆之損離：守恆是最簡化的複製　也是要用明天複製今天　先用下一秒複製上一秒

損以離恆：簡化後的元素或心意離永恆最近　簡化可以複製不朽

離損恆等：複製今天與簡化明天有恆等的關係（離101101+損110001）

30. 節以革恆：用節可以縮短恆長 又維持循環的恆長

恆之革節：守恆像四季 是分節後循環不停的變化

守恆像鐘擺　在節拍中不停的來回擺動

革節恆等：用革可以除舊　用節可以縮長減苦　二者恆等（革
101110+節110010）

31. 恆之同孚：守恆的中心思想是化同　化同變異　是聯集　是最遠
的相信　是萬物與神皆守恆守同守信

同孚恆等：天地大同與神人共信之間有恆等的關係（同人
101111+中孚110011）

29. 創新與高明（鼎＝011101）

在母親的世界　烹飪是放入各種可能的食材　調理出最美的料理
在父親的世界　經營是集合各種可能的創新　創建出最高的產值
在信仰的世界　廟堂中用爐煙升到天際
祈禱神賜于人間太平盛世
調理　創新　營高　祈禱　都是鼎的能量

1. 剝是剝壞與結局　恆是守恆
　　恆剝而鼎：鼎新是對剝壞恆久的抵抗　直到產生文明的最高結局

守恆的剝壞就是創新

鼎剝恆等：創新恆等剝壞 對舊世界的剝壞（剝000001+恆011100）

2. 比逅成鼎：鼎是共生的高等文明 是彼此結盟親比的共生體

比同逅鼎：比是語言符號 鼎是在同種語文中共生的我們（比000010+逅011111）

3. 觀過成鼎：鼎是不斷地創新觀想 直到超凡入聖（觀000011+大過011110）

4. 鼎之豫蠱：鼎新是自由經濟中最自然的淘汰賽 也是淘汰後最容易的標準（豫000100+蠱011001）

5. 晉升而鼎：鼎新是標準的升階 變成圖書館內的眾多標準

升晉為鼎：也是用假設升華成唯一的標準（晉000101+升011000）

6. 鼎以巽萃：高明是包容眾多結晶的文明 是用彈性的開始淬練出結晶般的文明（萃000110+巽011011）

7. 鼎以井否：鼎新是在否定中的挖深 直到通出一條活路

否井而鼎：創新是對現有的通路的全部否定（否000111+井011010）

8. 鼎由謙下 新從未濟：營高的心誕生於謙下與不足 創新來自強烈的不滿與卑微（謙001000+未濟010101）

9. 艮解而鼎：鼎是調理文明的熔爐 是隔絕與個人主義的崩解（艮001001+解010100）

10. 鼎蹇相訟：鼎新是升起文明的大火 蹇是阻渡的大河 鼎與蹇相訟

蹇訟而鼎：鼎是人類與大河相爭後變相惜的大河文明（蹇

001010+訟010111）

11. 困漸成鼎：鼎新是演化中更高的界定　也是圍困下的演化（漸001011+困010110）

12. 鼎蒙小過：創新有時要模糊細節　有時要從模糊走入細節
鼎之過蒙：調理或經營是每天心智的糾纏與扭曲（小過001100+蒙010001）

13. 鼎乃師旅：創新文明的高度也是一種行遠　求新求高的作戰之旅（旅001101+師010000）

14. 鼎之渙咸：營高的文明會自然擴散　像病毒會傳播　傳播文明的感動（咸001110+渙010011）

15. 鼎遯交坎：耀眼的文明與退隱的人生相坎
鼎之遯坎：創建之路是從退隱的鄉下進到交織的網路世界（遯001111+坎0100100）

16. 鼎復大有：從高等到原始　文明展現多元的樣貌（復100000+大有111101）

17. 頤是循環的圓　大壯是用強攻弱
鼎壯相頤：文明離不開戰爭的攻守循環
鼎頤大壯：文明是戰爭的倒轉　是和平共處與相養　譬如飲食文明（頤100001+大壯111100）

18. 屯鼎相乾：平衡的動與靜產生自旋與盤旋　落實的假設產生創新與調理
平衡與創新相抗逆（屯100010+乾111111）

19. 鼎以夬益：鼎新是合作的文明不斷的開啟新頁　文明會開啟不停加值的機制（益100011+夬111110）

20. 鼎震大畜：鼎新不是冗長的記錄 是充滿波動的創新

畜震而鼎：文明是有各種音樂共鳴的大交響樂（震100100+大畜111001）

21. 鼎之噬泰：鼎是各種建設的SOP 是吏政與庶政的整合
鼎噬成泰：創新與修錯的組合是太平盛世的保證（噬100101+泰111000）

22. 鼎之隨畜：鼎新是跟隨的突變　是不斷創建規範與突破規範（隨100110+小畜111011）

23. 鼎需無妄：鼎新是在無常的人生經營相需的關係　在相需的人生營造無常的進化
妄需助鼎：無常的欲求是創新的原力（無妄100111+需111010）

24. 鼎夷相睽：鼎是高明的創新 與藏明相分別
鼎睽明夷：文明是發現與隱藏眞理的總合（明夷101000+睽110101）

25. 鼎以歸賁：鼎新是向未來定形的美　是寫給未來的完美故事（賁101001+歸妹110100）

26. 鼎履既濟：鼎是選擇調理的方法　直到滿足與調和的王道出現
既濟履鼎：最高明的幸福路是任何的選擇都可以滿意的人生（既濟101010+履110111）

27. 鼎兌家人：鼎新是不斷地組合與相談 新的組合與新的相談都帶來創新的元素（家人101011+兌110110）

28. 豐是放大　損是簡化
豐損鼎之：創新文明的手法可以用放大的智慧與簡化的符號（豐101100+損110001）

29. 離臨爲鼎：複製與抄襲應該不是創新　但一個花海與一枝花的美的確不同

花海的美是一種腳踏實地的複製與鼎高（離101101＋臨110000）

30. 鼎革中孚：鼎新與除舊是孿生兄弟　都是創新的同心（革101110＋中孚110011）

31. 鼎節同人：鼎新是升高的光明　節是縮短的美好　鼎是美味的調理　節是音律的創作　鼎與節對文明的幫忙化同（同人101111＋節110010）

30. 超越與不凡（大過=011110）

　　廣義地說　每個生命體都是獨一無二
　　都在浩翰的宇宙中絕無僅有
　　都超越了無數無生命的星體　或無數絕種的生命
　　才能存在到今天
　　在人類的歷史中 超越與不凡是空前絕後的英雄
　　是那些驚天動地的事件
　　不比別人　每個人都有自己的不凡　偉大的成就　美好的記憶
　　都是大過卦的能量

1. 剝是剝壞　逅是共生與遇合
　　剝逅大過：共生的剝壞　產生獨霸的物種　像恐龍　像今天的人

類　都是大過

逅剝大過：死亡與剝壞接近不凡　碰撞生死超越剝壞正是大過的英雄本色

與天地共生的剝壞後便開始與自己共生　馴服於自己的理想與抱負　作個不凡的自己　（剝000001+逅011111）

2. 比恆大過：在語文的系統中　每個成語　典故　詩詞　都是大過都超越了時間長河的考驗才能留到今天

連比的時間愈久　大過的不凡愈強

比過恆等：尋找顯明的對比與超越不凡的心恆等（比000010+恆011100）

3. 大過觀鼎：大過是文明中每一件發明與專利　是觀想中的偉大靈感與創意（觀000011+鼎011101）

4. 豫井大過：大過始於小小的誤差　卻像油井一樣泉湧　終於變成無法駕馭的極端值

在量子世界　豫是擾動　井是穿燧　是彼此的大過（豫000100+井011010）

5. 晉巽大過：大過是超越亂風而變成不凡的太陽　也是超越太陽而乘風逍遙（晉000101+巽011011）

6. 萃升大過：在最無雜質的結晶　與最升華的放空中　我們都體驗到不凡

更不凡是　作出最輕的結晶　最重的升空　是輕如鴻毛重如泰山的英雄心

最輕的重　與最重的輕　輕重之中各有隱性的大過與不凡（萃000110+升011000）

7. 大過蠱否：大過淘汰了整個世界的否定　來到無法否定與淘汰的

高度（否000111+蠱011001）

8. 大過困謙：不凡是超越各種界定而不忘兼愛公平的心

化小困為大謙　忘己困而兼愛　大英雄也（謙001000+困010110）

9. 艮是相安的高山　訟是矛盾的互斥

大過艮訟：大過是一種孤高與矛盾　受萬人的排斥也能與自己相安

大過訟艮：不凡不是孤高　是對自己的多情　在眾生排斥下的多情（艮001001+訟010111）

10. 大過蹇解：大過是不斷地解開阻擋與阻擋解開　最後練就一套最強的阻擋與解開

蹇是防守的盾　解是神射的箭　能守能攻是不凡的武藝（蹇001010+解010100）

11. 大過漸濟：大過是不斷的演化與改進　直到最強　或最貪婪（漸001011+未濟010101）

12. 大過小過交坎：大過是大大的超越　與小過的細細糾纏相垂直交錯

大過是房屋的棟樑　小過是細部裝潢　彼此交坎（小過001100+坎010010）

13. 大過旅渙：行遠可以超越孤陋　擴散可以超越局限

大過是用心的閱讀來行遠　用善良的傳播來擴散

旅渙相過：旅的行遠為了近明　渙的擴散為了稀釋　前者得智慧後者得逍遙　故彼此超越（旅001101+渙010011）

14. 咸師大過：大過是有堅實的訓練　又有敏感的覺知　是金牌選手的必要條件

敏感的覺知與一貫的堅持造就彼此的超越與不凡（咸001110+師010000）

15. 大過遯蒙：大過是刺眼的光　會讓人看不清楚直到完全盲目　一如把平凡的世界隱藏不見
　　遯蒙相過：隱藏是模糊的極端　好奇的發蒙擊蒙是退逃的極端（遯001111+蒙010001）

16. 夬復大過：大過是果決地啟動　又迅速地回復　像超人一樣（復100000+夬111110）

17. 大過乾頤：大過是破壞地球生態的循環　像人類破壞環保的倒行逆施（頤100001+乾111111）

18. 過壯為屯：大過是超越攻伐　相安於盤旋　也是超越盤旋　剛柔相攻
　　大過的獨霸與大壯的征討　兩者的一念之差彼此盤旋（屯100010+大壯111100）

19. 大過益有：善良的大過是多元的幫助　創造極端值可以幫助多元世界的豐富（益100011+大有111101）

20. 大過震需：大過是獨夫　遠離相需　故與需相震
　　震需大過：震是氣韻　需是相愛　在氣韻與驚懼中相愛　是不凡的愛（震100100+需111010）

21. 大過噬畜：大過是小錯的積與變　也是專制政權用刑法治國的暴秦再現（噬100101+小畜111011）

22. 大過泰隨：大過不喜歡跟隨　與隨作最大的交換
　　泰隨大過：太平盛世是泰　需要不凡的跟隨與領導（隨100110+泰111000）

23. 大過妄畜：大過是人工智慧　超越機器的極限　駕馭無常的大數

（無妄100111+大畜111001）

24. 大過夷兌：明夷的極端是坦白說出　坦白的極端是互相欺騙（明夷101000+兌110110）

25. 大過賁履：大過美化了命運　用生死之重美化　是史詩般的生命力　是可歌可泣的大過（賁101001+履110111）

26. 大過既歸：大過是遠離現世的滿足　把生命寄託在未來的掌聲（既濟101010+歸妹110100）

27. 大過睽家：既組合又分別的矛盾　既相惜又對立的愛恨交加　是大過的情節　是所有電影必備的元素（家人101011+睽110101）

28. 大過豐節：超越放大而看到縮節的好處　超越縮節而看到放大的樂趣　就是大過（豐101100+節110010）

29. 大過離孚：不凡遠離平凡的複製　來到與神互信的高度

過孚相離：不凡的獨夫心理與中孚與神同心　兩者相映（離101101+中孚110011）

30. 革是改變　臨是親近

大過革臨：大過始於改變現狀　終於君臨天下

過臨相革：大過與臨近彼此相革（革101110+臨110000）

31. 同人是化同　損是簡化

大過損同：大過遠離同人　把世界簡化成一場空　只剩自己偉大的成就

損過同人：損是老子的大道求無　大過是墨子的成仁取義　兩者化同（同人101111+損110001）

31. 遇合與共生（姤＝011111）

世界是人群的共生體　各樣的人活在彼此的四周
產生互利的關係
身體也是一個共生體　許多的細菌病毒活在身體內　互助共生
人類馴化了許多動植物　稻麥水果與豬牛雞犬馬　幫助了幸福
慧星撞地球也是一種遇合　萍水相逢到心靈交合
結髮一生到繁衍千年　都是姤的共生

1. 過剝而姤：超越了剝壞可以形成恆久的共生體
   剝過得姤：結束了超越　就是不凡與平凡的共生（剝000001＋大
   過011110）
2. 鼎姤為比：共生的文明是超越單一文明的連比

比之鼎逅：比盟是不斷創新營高的大文明共生體（比000010+鼎011101）

3. 觀是觀想　恆是持久

觀恆共逅：觀的短暫與恆的長久可以相共生

觀逅而恆：藏在心中相碰撞的觀想　經過時間考驗後變成相安的共生觀

觀之恆逅：經過馴化的觀用心與世界作持久的遇合（觀000011+恆011100）

4. 逅之豫巽：容忍任何的順動　用順動挑戰最大的容忍　就是共生的過程（豫000100+巽011011）

5. 晉井爲逅：在求知與名的世界　我們共生在種種追求的通路中（晉000101+井011010）

6. 萃蠱成逅：先聚再挑戰　先淘汰再結晶　就是共生的形成（萃000110+蠱011001）

7. 否升爲逅：無法升華時生命選擇共生　馴化是否定的升華　馴化後的物種促進了共生（否000111+升011000）

8. 謙訟爲逅：共生不是均平的分配　而是寄生與被寄生　是不公平的分配　是矛盾中的互補（謙001000+訟010111）

9. 困艮而逅：共生是困在一個範圍內相安的物種

逅艮得困：相逅的命運與相安的個體發展出雜種與純種的困界　也界定出群運算的範圍（艮001001+困010110）

10. 蹇是阻擋與保護　未濟是未填滿的空隙

逅蹇未濟：共生是活在彼此的空隙中　設法填滿彼此的缺乏　又受同一條河的阻擋與保護（蹇001010+未濟010101）

11. 解漸成逅：解開演化的禁錮　開始共生的大結合

漸以逅解：循序漸進的追求　可以轉化解散的命運　形成逅合與共生（漸001011+解010100）

12. 小過是最細的糾纏　渙是最廣的傳播

逅之渙過：共生是糾纏與傳播的平衡態　一如病毒與人類的攻防最後達成共生體（小過001100+渙010011）

13. 旅是行遠　坎是交錯

逅旅交坎：逅是共生與遇合　行遠往前　共生往左右　是不同維度的交坎（旅001101+坎010010）

14. 咸是感性　蒙是看不清楚

咸蒙共逅：敏銳的感性與模糊的覺知可以共生　互補彼此的優缺一如睡夢與清醒（咸001110+蒙010001）

15. 遯是隱形　師是戰爭

逅乃遯師：共生是持久的隱形戰爭　像病毒與人體的免疫系統共生不是攻佔　是隱形的雙贏（遯001111+師010000）

16. 復是復原　乾是抗逆

逅以復乾：共生是不停的相抗　也是抗逆的還原（復100000+乾111111）

17. 頤是循環的圓　夬是最快的啟動

逅之夬頤：頤是更大的循環共生　而逅是從遇合開始啟動一連串的循環共生（頤100001+夬111110）

18. 屯是盤旋　大有是多元

逅屯大有：逅是多元的盤旋　一如婚姻　在共生或離異間盤旋（屯100010+大有111101）

19. 益是幫忙　大壯是征服

逅以益壯：共生是用幫忙代替征服　用互利征服彼此的心（益

100011+大壯111100）

20. 震是波動　小畜是積而變

　　遘震小畜：遘是遇而合　遘與小畜互震

　　震遘小畜：震是以牙還牙　遘是一見鍾情　小畜是因愛生恨　因恨生愛（震100100+小畜111011）

21. 噬嗑是修錯　需是相需

　　遘以噬需：共生是在相需中細嚼慢嚥的每天（噬100101+需111010）

22. 隨是跟隨　大畜是最大的集合

　　大畜隨遘：跟隨的最大集合是與神的共生（隨100110+大畜111001）

23. 無妄是無常　泰是順泰

　　遘妄為泰：能與無常共生的我們　享有最順泰的幸福（無妄100111+泰111000）

24. 明夷是藏明　履是擇路

　　夷履為遘：共生是王道的祕法　命運的祕密藏在互利共生（明夷101000+履110111）

25. 賁是美化　兌是相談

　　遘以賁兌：共生是活在相談的心中　活在彼此美麗的故事中（賁101001+兌110110）

26. 既濟是調和　睽是分別

　　濟睽成遘：共生是調和後的分別與對立　也是對立後的調和滿意

　　遘睽既濟：共生不同於陰陽調和　是不調和也可接受的相合（既濟101010+睽110101）

27. 家人是組合　歸妹是迎向未來

姤歸家人：共生是與未來結合的家人　也是割捨了家人後的未來
共生是現在的家人與未來的親家（家人101011+歸妹110100）

28. 豐是放大　中孚是相信
姤豐中孚：共生是放大的互信　也是用神的信仰放大有限的生命
（豐101100+中孚110011）

29. 離是複製　節是縮節
姤之節離：共生不單是自我複製　是分節後的生命複製彼此的四
季（離101101+節110010）

30. 革是改變　損是簡化
姤以損革：遇合簡化了改變　姤合是革變的最簡
姤革得損：互利共生的改革支持了個體的自我簡化（革101110+
損110001）

31. 同人是化同　臨是接近
姤以臨同：共生是相接近的生活　也是化同彼此的實踐
姤臨同人：姤合與臨幸化同　只是用男用女的觀點不同（同人
101111+臨110000）

32. 還原與反復（復=100000）

　　年歲的方向是由年輕到年老　回春與返老還童就是還原與反復
　　離家遠遊的復是回家　找回初心　傷口癒合　睡飽後精神百倍
　　馬達不停運轉一百年　金剛不壞的身體　都是復卦的能量
　　不斷重復可以是生生不息　也可以是迷戀上癮　這是復卦的迷失

1. 剝是剝壞　頤是正反顛倒的循環
　　復剝成頤：復是再生　是剝壞的顛倒　復與剝形成了生滅的循環
　　（剝000001+頤100001）
2. 比是結盟與連比　屯是盤旋
　　屯比相復：自旋與連比是相還原的心態
　　比復成屯：交朋友可以重復　盤旋也可以　盤旋時的圓周是復

圓心是比　復繞著比盤旋　一圈一來復

屯乃復比：比若是符號　屯就是寫作　寫作是符號的反復使用
（比000010+屯100010）

3. 觀是觀想　益是幫助與善良的心

觀益相復：靜觀與出手幫忙是相還原的心態

觀以益復：觀想時時可重復　幫忙也是　觀想可以幫忙還原初心
善良可以淨化觀想（觀000011+益100011）

4. 豫是自由的往　震是來回的波動

復豫成震：復是乖乖地回　豫往或復回　偏差或持中　形成震的
波動（豫000100+震100100）

5. 晉是普世的知　噬嗑是修錯

復噬得晉：復是不斷咀嚼的下巴　知識是反復修錯後的標準（晉
000101+噬100101）

6. 萃是類聚與結晶　隨是跟隨

萃以復隨：萃是數列　隨是相隨的一對數字　數列是反復相隨的
數目字

萃隨相復：相隨的還原是亂聚　也是萃聚的最初態（萃000110+
隨100110）

7. 否是否定　無妄是無常

復否無妄：無常的否定是有常　有常是反復無常的還原　還原是
回到有常的最初態

無妄否復：無妄是從不否定到不停地否定（否000111+無妄
100111）

8. 謙是將心比心　兼顧彼此　明夷是藏明　真假難分

復謙明夷：復是回到初心　是照顧自己的私心　是謙的隱藏

明夷謙復：明夷是藏玉與含章　是謙卑的自隱與還原心的自明
明夷是對知與大名世界的低藏與還原（謙001000＋明夷101000）

9. 艮是獨立與隔絕　賁是美麗的故事
復賁爲艮：復是從共譜一個故事回到漠不關心
艮復則賁：從絕情的你我回復到共譜一段戀曲（艮001001＋賁
101001）

10. 蹇是阻隔　既濟是相濟的雙方
復蹇既濟：當蹇阻隔開了兩岸　相濟便不通　當蹇阻圈住了兩顆
心　同岸相濟便開始
復是對岸相蹇與同岸相濟間的反復（蹇001010＋既濟010101）

11. 漸是演化　家人是組合
復漸家人：生命是一種化學　生生不息的復是不停的組合與演化
（漸001011＋家人101011）

12. 小過是在細節處糾纏　豐是放大
小過復豐：復是不斷用放大發埌細節　用細節還原眞相（小過
001100＋豐101100）

13. 旅是行遠　離是複製與相映
復離成旅：複製是反復的COPY　也是由1變N的行遠
復以離旅：生生不息的復需要長遠的複製
旅復相離：行遠與回家相反　行旅與還原相映離（旅001101＋離
101101）

14. 咸是感性　革是革變
咸復而革：感性的重復會產生革變　譬如迷戀與上癮
快樂是一種感性　重復的快樂會改變感性的基調　變成不容易快
樂（咸001110＋革101110）

15. 遯是退隱　同人是化同

　　復遯同人：復是反回　化同退隱

　　還原是化同初態　初態是抹掉前段的經營　退回空無（遯 001111+同人101111）

16. 師是訓練作戰　臨是登臨

　　師以復臨：訓練後就無法還原　卻可反復登臨眾生

　　反復的練兵　是君臨天下的還原

　　師臨相復：訓練與表演　作戰與登位　是相復相生的兩端（師 010000+臨110000）

17. 蒙是模糊與扭曲　損是簡化

　　蒙以損復：模糊是最簡化的還原

　　復損而蒙：復既是反復又是簡單還原　復的雙義有強烈的模糊感

　　復損皆蒙：還原與簡化都產生事物的扭曲

　　蒙之損復：發蒙與損蒙是反復來回的兩端（蒙010001+損 110001）

18. 坎是交錯　節是製造節點

　　坎復成節：重復交錯的線製造了彼此的分節

　　坎坎復節：交坎是相垂直的復　分節是斷續的復

　　無所不在的坎復節代表不停地垂直與斷續的維度世界（坎 010010+節011010）

19. 渙是擴散　中孚是互信

　　復渙中孚：信心的渙散要用互信來回復

　　中孚復渙：互信的反復是大信的傳播與擴散（渙010011+中孚 110011）

20. 解是解開　歸妹是迎向未來

復解歸妹：反復解開今天的束縛　就是迎向未來

復歸爲解：還原歸妹的婚約　就是解開婚約

歸妹解復：歸妹的割捨與祝福包含了此解彼復的兩種能量

復解得歸：歸一的運算是反復地解開過去的連結　直到遠方的目的地來到（解010100＋歸妹110100）

21. 未濟是再續　睽是分別

未濟睽復：復是重復看同一部錄影帶　再續是看不同的續局　所以復與未濟相分別（未濟010101＋睽110101）

22. 困是圍困與界定　兌是相談

復兌得困：反復的相談可以界定最精確的共識

復困爲兌：還原了圍困就開始溝通談判（困010110＋兌110110）

23. 訟是矛盾與相斥　履是擇路

履復相訟：履道日遠　要復就不容易　所以履與復相斥

復訟爲履：還原愛恨交加的矛盾後　命運的路就開始好走

訟之復履：訟斥之力是人生擇道的原力　我們總是選擇不喜歡的另一邊　回復喜歡的方向（訟010111＋履110111）

24. 升是升華　泰是交換

復升爲泰：升華到虛冥　與回復到童年　是方向與虛實最大的交換

泰復相升：泰是繁忙的生意　復是假日休息　泰與復是彼此的升華（升011000＋泰111000）

25. 蠱是淘汰　大畜是歷史的全記錄

復蠱大畜：復是一切重來　是把全歷史作淘汰

大畜復蠱：歷史是不停重復的淘汰之賽局（蠱011001＋大畜111001）

26. 井是通路　需是相需

　　井以復需：一口井可以反復解決對水的相需

　　復需成井：反復的相需會形成一種通路（井011010+需111010）

27. 巽是彈性與包容　小畜是積與突變

　　巽復小畜：彈性是在積變之後最容易復原的性質

　　巽之復畜：反復的質變形成最大的包容（巽011011+小畜111011）

28. 恆是持久　大壯是強攻弱

　　復恆大壯：能隨時復原並且反復一事　是持久強壯的慣性（恆011100+大壯111100）

29. 鼎是創新與營高　大有是多元

　　復鼎大有：反復的創新形成多元的文明

　　鼎復大有：創新或復古也是多元的選擇（鼎011101+大有111101）

30. 大過是不凡與超越　夬是啟動

　　大過夬復：超人是最快的啟動與復原的總合（大過011110+夬111110）

31. 姤是遇合與共生　乾是抗逆

　　復乾爲姤：還原了乾龍的抗逆　就是相共生的萬物

　　復姤爲乾：還原了馴化　就是抗逆成性的猛獸（姤011111+乾111111）

　成語易經：用卦名創造成語的智慧

33. 顛倒與循環（頤=100001）

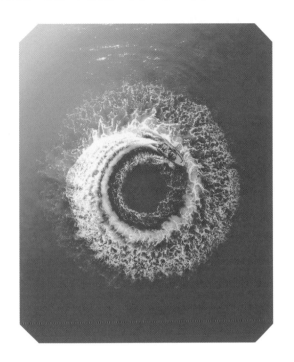

顛倒的方向會形成來回的循環

循環的顛倒還是循環　是反向的循環

化學的世界充滿組合與分解的循環

經濟的世界也是　數學的運算也是

循環的總合是一個最大的集合

萬物的生滅形成我們的生態圈

是超越生命的慧命　就是頤卦的能量

1. 剝是剝壞與結束　復是回復與還原

   頤乃剝復：頤是一個生態　萬物生滅循環的大圓　是剝與復相顛倒而形成的生養圈（剝000001+復100000）

2. 比是對比　是倍數與比率的運算　益是加法

   比益相頤：（A/B）是比　（A+B）是益　當B變大時　比值變小益值變大

   比追求1/N的一統天下　益追求1變N的加值　比與益所求顛倒（比000010+益100011）

3. 觀是觀想　屯是盤旋

   觀屯相頤：觀是心智最遠的運算　屯是動靜最細微的盤旋　人生在唯心的觀與唯物的屯中循環

   觀是閱讀　屯是寫作　兩者相頤（觀000011+屯100010）

4. 豫是誤差與不準度　噬嗑是修錯求正

   豫噬成頤：豫與噬兩者對誤差的態度相顛倒　形成善惡的生態循環（豫000100+噬100101）

5. 晉是唯一的標準　震是來回的波與共鳴

   晉震相頤：晉是絕對的專制　震是政黨輪替　晉與震追求的政治目標顛倒（晉000101+震100100）

6. 萃是聚與結晶　無妄是無常

   萃妄成頤：萃是太平盛世的秩序　無妄是亂世的無常　兩者在歷史中顛倒且循環（萃000110+無妄100111）

7. 否是否定　隨是跟隨

   否隨相頤：對生命的否定與活在與神的跟隨　是相顛倒的人生（否000111+隨100110）

8. 謙是天下為公　賁是自戀與美化的心

謙賁相頤：求公平的心與美化自我的心顛倒　在藝術生命中普遍化與至美化彼此循環（謙001000＋賁101001）

9. 艮是相安與獨立　明夷是藏明與相欺

艮夷相頤：相安與絕緣造成健全的個體　相欺與藏眞造成和睦的群體　是彼此顛倒的心　也是人心在處世中循環（艮001001＋明夷101000）

10. 蹇是相隔　家人是相惜

蹇家相頤：蹇是築高牆與自我保護　家人是組合團隊並分工合作　在人倫中兩種心態顛倒而循環（蹇001010＋家人101011）

11. 漸是演化與發展　既濟是調和滿意

漸濟相頤：演化是求明天的滿意　調和是演化暫時的到位　演化或調和兩者不斷循環（漸001011＋既濟101010）

12. 過離相頤：小過是細節中的糾纏　離是遙遙相映　兩者的遠近關係顛倒又循環（小過001100＋離101101）

13. 旅豐相頤：旅是行遠　豐是放大　兩卦相綜　能量顛倒　是求美的人生的兩種手法（旅001101＋豐101100）

14. 咸同相頤：咸是微變的覺知　同人是化同的哲理　兩卦的用心顛倒又循環（咸001110＋同人101111）

15. 遯革相頤：遯是退隱　革是革變　躲起來與進行革命的作法相顛倒又循環（遯001111＋革101110）

16. 師損相頤：訓練可以求戰　簡化求和　兩卦的目的顛倒又循環（師010000＋損110001）

17. 蒙臨相頤：好奇的模糊與登臨表演的放空　是兩種既顛倒又相養的奇妙人生

難得糊塗與征服觀眾的人生相顛頤（蒙010001＋臨110000）

18. 中孚頤坎：互坎互阻與同心互信的心態相顛倒
　　坎頤中孚：萬物的原點與邊界同心（坎010010+中孚110011）

19. 渙節相頤：渙是擴散　節是縮節　兩卦相綜　是相顛倒的卦意
　　以渙求節　以節求渙　渙節頤轉：四季與颶風間都用輪轉親近時
　　空（渙010011+節110010）

20. 解睽相頤：解是諒解　睽是歧視與分別　解卦停止對立　睽卦持
　　久對立　故相顛倒（解010100+睽110101）

21. 未濟是再續的明天　歸妹是歸而終一
　　歸未相頤：歸妹是投手把今天的球丟向明天　未濟是明天還有比
　　賽　兩卦是循環圈的由小合大（未濟010101+歸妹110100）

22. 困履相頤：困是最小的集合　履是意志最自由的發展　自由與自
　　困相顛倒而相圓滿（困010110+履110111）

23. 訟兌相頤：訟是矛盾的相爭　兌是和悅的對談　訟與兌相顛倒
　　也形成了議事的循環（訟010111+兌110110）

24. 升畜相頤：升是向上求虛空　大畜是考古挖地　升迎向明天　大
　　畜尋找過去　兩卦相顛倒（升011000+大畜111001）

25. 蠱泰成頤：蠱是淘汰　泰是獨霸的恐龍　淘汰了獨霸　才能形成
　　和平的生態　激烈的淘汰賽與獨霸的出現　默默循環著
　　頤蠱交泰：和頤的生態與激烈的擂台是最大的交換（蠱011001+
　　泰111000）

26. 井是通路　小畜是積小與突變
　　畜井成頤：小小的通路形成小小的循環圈　通路的積變形成
　　GOOGLE的大生態
　　頤是通路世界的積與變（井011010+小畜111011）

27. 巽是容忍與彈性　需是相需

巽需成頤：相需是無所不在的萬有引力　彈性是時空可以無限被彎曲的能力

宇宙是質能與引力的總合　也是質能彎曲時空的總合

需巽成頤：用愛恨彎曲生命的總合就是人生（巽011011+需111010）

28. 恆是守恆與持久　大有是多元

　　恆有相頤：守恆與求異相顛倒　合成一個可同可異的生態大圓（恆011100+大有111101）

29. 鼎是營高的文明　大壯是攻取柔弱

　　鼎壯相頤：自我營高與攻伐他人是文明發展的過程　高度與廣度的相循環（鼎011101+大壯111100）

30. 大過是不凡　乾是抗逆

　　大過乾頤：不凡是超越別人　抗逆是戰勝自己　戰勝天意　兩卦形成一個戰鬥的大頤（大過011110+乾111111）

31. 姤夬成頤：姤是最漫長的磨合　夬是最快速的決戰　兩卦形成共生與決戰的大頤（姤011111+夬111110）

34. 盤旋與螺進（屯=100010）

天體的動靜平衡是盤旋與螺進

是離心力與向心力的平衡　或說是萬有引力與動量間的平衡

血液在血管中流動　在傷口處凝固　也是動靜的平衡

許多馬拉一輛車　每匹馬的動靜不一

造成了馬車的躊躇與盤桓　是屯卦的乘馬班如

萬物都在流與凝兩相間盤旋　像牙膏與血液又流又凝

靜旋動進　都是屯卦的能量

1. 剝是剝壞與停止　益是加值與幫助

　剝益相屯：屯是用剝的靜與益的動相盤旋　時間的剝去與人生的

　加值也是一種動靜平衡（剝000001+益100011）

2. 比是往橫的連比　復是前後的來回

復比為屯：比與復的方向相垂直　像盤旋時圓心與圓周的關係
像漩渦的水不斷轉圈子向下流

屯之復比：盤旋是不斷重復的連比　也是從眾多連比關係中不斷
還原到自旋的狀態（比000010+復100000）

3. 觀是遠觀　頤是大圓的輪轉

觀屯成頤：屯是小圓的自旋　用遠觀的角度看　地球的自旋會看
成太陽的繞地球轉　任何大圓的輪轉都可觀成小圓的自旋

觀頤而屯：靜觀與頤養形成動靜的相屯　靜觀的顛倒是辛苦的螺
進（觀000011+頤100001）

4. 豫是順動　隨是跟隨

豫隨為屯：萬物在順動與跟隨間盤旋　在誤差與秩序間螺進（豫
000100+隨100110）

5. 晉是公認的標準　無妄是與無常相安

無妄晉屯：人生在求知求名的路上螺進　在好名與壞名間盤旋
（晉000101+無妄100111）

6. 萃是聚與結晶　震是波的來回

萃屯為震：螺進的投影就是波的來回　震波是經過萃聚後的盤旋
（萃000110+震100100）

7. 否是逆境與否定　噬嗑是修錯成正

噬否為屯：屯是對與錯的盤旋　是修錯導正與全面否定間的螺進
（否000111+噬100101）

8. 謙求均平　既濟求調和與滿意

謙屯既濟：河流蜿蜒流向均平的大海　沿途用既濟的速度享受兩
岸的風景

盤旋是動靜的均平　阻力與動力的調和（謙001000＋既濟101010）

9. 艮是隔絕與孤獨　家人是組合與相惜

艮家相屯：屯是在個人與家人間的盤旋　在孤獨與相惜間的螺進（艮001001＋家人101011）

10. 蹇是心與心之間的大河　阻隔了溝通　明夷是藏在心中的祕密

蹇夷相屯：沒有蹇河的保護就用明夷來欺騙　在眞與假之間盤旋在不溝通與僞裝之間盤旋（蹇001010＋明夷101000）

11. 漸是形的演化　賁是形的界定

漸賁相屯：漸是生命離開邊界的盤旋　賁是美麗回到邊界的盤旋美麗在演化與定形間盤旋（漸001101＋賁101001）

12. 小過是細節中的盤旋　革是變與不變的盤旋

小過革屯：在細節中螺進　同時開啟了革變的盤旋（小過001100＋革101110）

13. 旅是行遠　同人是化同

旅屯同人：心的行遠美不勝收　身的盤旋如仙女舞風　旅卦與屯卦化同彼此（旅001101＋同人101111）

14. 咸是感微　豐是放大

屯以咸豐：微感可以放大生命的覺知　是通天地的耳目　可以盤旋天地的至大至微（咸001110＋豐101100）

15. 遯是退隱　離是相映

屯遯相離：屯是在險阻中的前進　是前進的盤旋　與退隱的人生相映離

遯離相屯：退隱與相映是明暗的盤旋（遯001111＋離101101）

16. 師是一貫的訓練　節是縮節的四季

　成語易經：用卦名創造成語的智慧

師節相屯：節在師的律中盤旋　師在節的斷續中盤旋　四季有律而旋　年歲有節而貫萬年（師010000+節110010）

17. 蒙是模糊的心在問答間盤旋　中孚是相信的心在說聽之間盤旋
蒙孚相屯：相信的心不問爲什麼　蒙蔽的心信或不信　或信或蒙是心智永恆的盤旋（蒙010001+中孚110011）

18. 坎是交錯的維度　臨是接近
屯以坎臨：螺進是在旋轉中前進　也是用換維的方向接近目標（坎010010+臨110000）

19. 渙是擴散的巨風　損是簡化
損渙爲屯：屯的自旋是簡化的巨風　像靜坐的高僧用心的自旋暢遊宇宙（渙010011+損110001）

20. 解是解開　兌是相談
解屯爲兌：解是脫離軌道　屯是盤旋在軌道上　解與屯主導了心的對談
解兌相屯：解是解開疑惑　兌是知心對談　人際關係在知心與解惑間盤旋（解010100+兌110110）

21. 未濟是再續的未來　履是擇路
履屯未濟：履卦的視履考祥其旋元吉　說明未知的未來與已知的選擇可以形成盤旋的迴圈
屯履未濟：用盤旋的走法可以貫穿已知與未知的命運
面對無知未來與已知選擇　心用盤旋螺進　而非跳躍或循環（未濟010101+履110111）

22. 困是圍困與界定　歸妹是割捨與歸終
困是自足於界內的盤旋　是自旋　歸妹是歸向界外的盤旋　是向外離散

困屯歸妹：盤旋是用界內的自旋升歸界外的盤旋（困010110+歸妹110100）

23. 訟是相爭的矛盾　睽是分別後的對立

屯訟相睽：天體的盤旋靠萬有引力的相吸不棄不離　與離心力的相斥力維持平衡　所以訟卦與屯卦睽分

屯睽相訟：不棄不離的屯旋與睽分而別是相爭相排斥的力（訟010111+睽110101）

24. 升是升華　需是萬有引力

升需為屯：盤旋是萬有引力下動靜的平衡與升華（升011000+需111010）

25. 蠱是淘汰　小畜是累積與突變

屯以蠱畜：生命在汰弱與突變中螺進

小畜蠱屯：屯是在累積中自旋　在汰弱後螺進升階（蠱011001+小畜111011）

26. 井是通路　泰是榮盛

泰井為屯：泰是用交易的自旋達到盈利的螺進　井是用挖深的自旋達到通井的螺進

屯是馬力強大的鑽子　在泰盛中自旋　在井通後螺進（井011010+泰111000）

27. 巽是包容與彈性　大畜是全記錄

大畜巽屯：屯是記憶力與想像力的盤旋　在大畜中自旋　在巽寬中螺進

屯之巽畜：屯是氣流的旋渦　在巽風中積大　在大畜中成形（巽011011+大畜111001）

28. 恆是持久　夬是啟動

屯之恆夬：屯是在持久中自旋　在啟動時螺進

屯以夬恆：屯的動靜平衡啟動了持久

屯夬恆等：屯的天體等同夬的長久延伸（恆011100＋夬111110）

29. 鼎是創新　乾是抗逆

乾鼎為屯：屯是在抗逆中自旋　在創新時螺進

是用最大的抗逆完成最難的創新（鼎011101＋乾111111）

30. 大過是不凡與超越　大壯是正氣的進擊

過壯相屯：屯是在不凡中的自旋　在理直氣壯時螺進

而唯心的世界是在理直時自旋　在不凡時進階（大過011110＋大壯111100）

31. 逅是共生　大有是多元

逅有相屯：屯是在共生中自旋　在多元時進階

也是在共生態中凝結　在多元態中流動（逅011111＋大有111101）

35. 加值與幫助（益=100011）

時間不斷加長　空間不斷加大
陽光幫助萬物脫離嚴冬　雨水幫助脫離乾旱
神用天地與時空幫助萬物欣欣向榮　用愛不斷替人生加值
萬物間也互相幫助來替世界加值　都是益卦的能量

1. 剝是剝壞　屯是盤旋
  益剝以屯：剝壞中的萬物需要最多的幫助　也是天使每天盤旋繁
  忙的工作

屯以益剝：因為剝壞無時不在　所以生命用自旋來幫忙與加值
一如我們與地球（剝000001+屯100010）

2. 比是連比　頤是相養與循環

益比成頤：連比是領導　益是幫忙　兩者相顛倒卻相養　生態圈
形成靠的是萬物連比與幫助的關係

頤求益比：在圍棋比賽中　誰的落子連比最廣　加值最多　誰就
能勝出　生態圈的物種也是

頤之比益：生命經過相連比與加值　升階成不朽的慧命（比
000010+頤100001）

3. 觀是觀想　復是還原

以觀益復：觀想可以幫助還原初心

復以益觀：反復的心幫助觀想的成熟與加值（觀000011+復
100000）

4. 豫是誤差與順動　無妄是安於無常

以豫益安：輕鬆順動的自由意志　可以幫助與無常天意的相安

無妄益豫：無常的機率幫助對誤差與自由心的理解　甚至對歡樂
心的掌握（豫000100+無妄100111）

5. 晉是最明亮的標竿　隨是跟隨

晉隨相益：晉用標竿幫助跟隨　跟隨用讚美加值標竿

巨星幫助相隨的願意　相隨幫助巨星的光環（晉000101+隨
100110）

6. 萃是聚與結晶　噬嗑是修錯

萃以益噬：給人最好的位置與秩序　可以幫助他們修正錯誤

噬以益萃：自我修錯的心　可以幫人生變成閃亮的晶鑽（萃
000110+噬100101）

7. 否是否定與逆境　震是來回的波

　　否益相震：否定與加值是反向相震的波

　　以否益震：否定會加大恨意的相震

　　以震益否：震驚的心會導向否定的情緒　利用氣韻會幫忙渡過否境

　　共鳴的歌聲幫助渡過否逆的生活　報仇的心助長否定的人生

　　益之否震：幫助是拒絕的逆向波　也是報復的否定（否000111+震100100）

8. 謙是求均　家人是組合美麗

　　謙益家人：求均與公平心可以加值家人相處的美善

　　家人益謙：分工合作的團隊心可以加值角色的公平性（謙001000+家人101011）

9. 艮是隔絕與獨立　既濟是調和與滿意

　　艮益既濟：隔絕的環境加值了調和的甜美

　　既濟益艮：滿意心加值了自主與孤獨

　　艮濟相益：絕情然後知足於自愛　知足然後與世相安（艮001001+既濟101010）

10. 蹇是阻隔的河　賁是美的邊界

　　蹇以益賁：阻隔加值了美的邊界

　　賁以益蹇：給自己一個美的邊界加值了面對凶險的命運

　　益蹇為賁：美麗是不斷加值的危險與阻力（蹇001010+賁101001）

11. 漸是演化　明夷是藏明

　　漸益明夷：演化的祕密是不斷替生命加值與幫助　漸強的演化加速隱藏衰弱的過去

夷漸相益：自導自演加值了虛偽人生　無知加速了演化的進程
（漸001011+明夷101000）

12. 小過是細節的世界　同人是化同
　　小過益同：當生命進到DNA的細節　細菌與人類也化同了
　　小過同益：增加細節是生命最美妙的加值　溫柔　謹慎　精確
　　細心　不躁不懶　不棄不離　諸多美德
　　益過同人：詩的細節化同了萬物　化同天地的細節是寫詩的天使
　　心（小過001100+同人101111）

13. 旅是行遠　革是變形
　　旅以益革：行萬里路加值了心的變革　善良與加值讓人生可以行
　　遠可以經變（旅001101+革101110）

14. 咸是感微感恩　離是相映
　　咸益相離：益的加值是天使般的善良與幫助　感恩的心與善良相
　　映
　　以咸益離：感微的心強化了天地間美妙的映離（咸001110+離
　　101101）

15. 遯是退隱　豐是放大
　　遯以益豐：背景的退隱幫助主體的放大
　　豐以益遯：放大的光幫助了背景的退隱（遯001111+豐101100）

16. 師是練兵　中孚是相信
　　師益中孚：練兵備戰的辛苦加值了同仇敵愾
　　中孚益師：信仰幫助了練兵的強度（師010000+中孚110011）

17. 蒙是看不清　節是縮節
　　蒙以益節：看不清遠方強化了在生活近處的分節
　　節以益蒙：節氣幫助我們生活在模糊的氣象　章節的手法幫助理

解模糊的故事（蒙010001＋節110010）

18. 坎是交錯　損是簡化

損益交坎：加值與簡化的方向垂直交錯　屬於不同維度的操作而非相反的方向

坎之益損：留在交錯原點附近的觀察可以加強簡化的工作

損之益坎：簡化的工具可以幫助多維的思考

損益坎坎：超維思考就是損即益　益即損　就像吃虧就是獲利幫助快樂就是減少痛苦（坎010010＋損110001）

19. 渙是擴散　臨是接近

渙臨相益：擴散與傳播幫助了君臨天下　接近大眾加速擴散感動（渙010011＋臨110000）

20. 解是解開　履是擇路

解而益履：解開了心結幫助正確的選擇

履以益解：謹慎擇安幫助解開危機

履解相益：解是禪的頓悟　履是與命運糾結　兩者互相幫忙（解010100＋履110111）

21. 未濟是再續　兌是相談

未濟益兌：不足與再續的心幫助了相談的動機

兌益未濟：相知相談的心幫助了不足與遺憾

未兌相益：一個談心的知己幫助了人生的遺憾　無窮的不足幫助了相悅的友誼（未濟010101＋兌110110）

22. 困是圍困與界定　睽是分別

困益相睽：幫助與圍困是對立的心

困以益睽：界定了範圍後幫助了內外的分別

困睽相益：困是密不透風的擁抱　睽是相分別　彼此相加值（困

010110+睽110101）

23. 訟是相爭與矛盾　歸妹是割捨後的前進

以訟益歸：訟爭幫助了歸逃復命

歸妹益訟：歸一的心強化了矛盾（訟010111+歸妹110100）

24. 升是升華　小畜是積小與突變

升益小畜：升華加值了積變的成果

小畜益升：靈感幫助了升華的力道

升畜相益：升華成空與積小成多是幫助的雙手（升011000+小畜
111011）

25. 蠱是賽局　需是相需

蠱以益需：賽局中的關係幫助了相需的情感

需以益蠱：相需的關係幫助彼此的汰弱存強

蠱需相益：用愛相爭　用賽相愛　相得益彰（蠱011001+需
111010）

26. 井是通路　大畜是全記錄

井益大畜　大畜益井：考古的挖深幫助了歷史的還原　圖書記錄
幫助了知識的通路

井畜相益：井收勿幕的分享心與何天之衢亨的大畜心相益（井
011010+大畜111001）

27. 巽是彈性與容量　泰是順境昌盛

巽泰相益：寬容與彈性幫助了泰順　熱絡的生意幫助了寬容與彈
性（巽011011+泰111000）

28. 恆是持久　乾是抗逆

以益恆乾：為生命加值等同持久的戰勝自己

益乾為恆：持久的本質是在抗逆中自我幫助的慣性

恆益為乾：天行健君子以自強不息　天與君子相益　健與不息相益（恆011100+乾111111）

29. 鼎是創新營高　夬是快速啟動與精密
鼎夬相益：不斷的創新幫助了夬的設計　快速啟動的設計幫助了文明的高度（鼎011101+夬111110）

30. 大過是不凡與超越　大有是多元
過益大有：不凡幫助了多元
益之過有：在超越中多元　在多元中超越　就是益的加值人生一如精采與豐富　（大過011110+大有111101）

31. 姤是遇合與共生　大壯是攻取
姤之益壯：共生態是用幫助的方法攻取彼此的心
以壯益姤：攻取的行動幫助往後的共生關係
壯姤相益：個體的馴化幫助共生體的壯大　壯大的個體幫助共生體的馴化（姤011111+大壯111100）

成語易經：用卦名創造成語的智慧

36. 波動與共鳴（震=100100）

萬物皆波　超弦的震波生成這個宇宙　我也不懂

但水波的漣漪　缽音的振盪　平行鏡面的反射　我們都熟悉

心情在悲喜間波動　智慧在是非間波動　心和心會共鳴

在善惡間共鳴　在敵友間共鳴

波動會產生氣韻　是波的形狀　氣韻的美藏在歌聲裡

在舞蹈中　在故事的情節　都是震卦的能量

1. 剝是剝壞　噬嗑是修錯

   震之剝噬：人生是一條美麗的波線　一條蜿蜒修正與剝壞的路

   直到結束（剝000001+噬100101）

2. 比是連比與領導　隨是跟隨

震之比隨：震是在領導與跟隨之間的波　共鳴是尋找同伴與友群的技巧（比000010+隨100110）

3. 觀是觀想　是有妄的心意　無妄是平常心　是天意

震之觀妄：觀想中的有常與無常迅速地波動著　幻想與現實　心意與天意　都在波動中相震（觀000011+無妄100111）

4. 豫是自由的順動　復是還原

豫復爲震：萬物用一萬種自由與一種還原相震　不停地擾動　形成美妙的氣韻（豫000100+復100000）

5. 晉是唯一的太陽　頤是生態與循環的大圓

晉頤相震：太陽的光照耀著地球的生態　太陽的生滅與生態的生滅彼此共鳴

唯一的標準與顛倒的想法相震　形成智慧的生態（晉000101+頤100001）

6. 萃是聚與結晶　屯是盤旋

震爲屯萃：盤旋是三度空間的震動　震波是二維的盤旋　盤旋與波動存在聚與結晶的關係（萃000110+屯100010）

7. 否是否定　益是加值

震之否益：否定的心與幫忙的心相震（否000111+益100011）

8. 謙是求均　豐是放大

謙豐相震：天下爲公與自戀的心相震（謙001000+豐101100）

9. 艮是隔絕與獨立　離是相映

震艮相離：波動是星光與我　我與星光最遙遠的相映（艮001001+離101101）

10. 蹇是阻隔的盾　革是除舊的刀

蹇革相震：盾的守護與革的大刀闊斧相震（蹇001010+革

成語易經：用卦名創造成語的智慧

101110）

11. 漸是演化　同人是化同

漸同相震：漸產生新的物種　同人化同天地萬物　兩者相震

漸震同人：漸是漸漸離遠的異化　與漣漪相似　所以漸化同震
（漸001011+同人101111）

12. 小過是活在細節　明夷是藏眞

過夷相震：細節可以求眞　求眞與藏眞相震

外相與無相　細節與大綱　眞與假　彼此相震（小過001100+明夷101000）

13. 旅是行遠　賁是美化與定形　兩卦內外卦互換

旅賁相震：行遠是尋找故事的題材　美化是把題材寫成故事

故事在美麗的心與行遠的時空間來回波動（旅001101+賁101001）

14. 咸是感性　既濟是調和滿意

咸濟相震：感性追求最敏感的覺知　最大的感動　既濟則求不冷不熱　適足的溫度

所以感性與適足心相震

咸震既濟：感性在震動中得到滿足（咸001110+既濟101010）

15. 遯是退隱　家人是相惜

遯家相震：遯入空門或退隱山林　與組成家人追求天倫之樂相震
（遯001111+家人101011）

16. 師是訓練作戰　歸妹是和親結親

師歸相震：用兵與和親相震

以一統萬的師　與由萬歸一的歸妹　方向相震（師010000+歸妹110100）

17. 蒙是模糊　睽是看清分辨

　　蒙睽相震：模糊與看清楚相震

　　震之蒙睽：用震波可以去除蒙蔽迎來分明　也可以震盪分明復歸模糊（蒙010001+睽110101）

18. 坎是垂直交錯　兌是平行相談

　　坎兌相震：交錯的垂直與相談的平行彼此相震

　　震兌相坎：相報復與相交心彼此相坎（坎010010+兌110110）

19. 渙是擴散　履是擇路

　　渙履相震：漫無目的的擴散是病毒的傳播　謹慎避險擇路是虎口下的求生

　　震是散播與慎行間的波韻（渙010011+履110111）

20. 解是解開　臨是接近

　　解臨相震：放下與解開是拉大距離　臨則相反　兩者相震（解010100+臨110000）

21. 未濟是再續與不足　損是化簡

　　震損未濟：震走了簡單心　留下了複雜不足

　　再續的貪與損的簡化自己　兩者相震（未濟010101+損110001）

22. 困是圍困　節是縮節

　　困節相震：界定最小的範圍與分節創造最大的靈活　兩者相震（困010110+節110010）

23. 訟是矛盾相訟　中孚是相信

　　震訟中孚：矛盾相訟與同心相信　兩者相震（訟010111+中孚110011）

24. 升是升華　大壯是用壯

　　震升大壯：升華自己與用壯攻伐　兩者相震（升011000+大壯

111100）

25. 蠱是淘汰　大有是多元

震蠱大有：淘汰異己與多元納異　兩者相震（蠱011001+大有111101）

26. 井是相通　夬是啟動

震之井夬：井相通兩個舊世界　夬啟動一個新世界　通舊與啟新相震（井011010+夬111110）

27. 巽是相容　乾是抗逆

震之巽乾：相容是生命最大的彈性　抗逆是生命最強的堅持　兩者相震（巽011011+乾111111）

28. 恆是持久　泰是熱絡交換

震之恆泰：持久守恆與泰交換相震　震波是宇宙最恆久的熱交換一如星光與生命的關係（恆011100+泰111000）

29. 鼎是創新　大畜是全記錄

震鼎大畜：創新的營高與考古的挖深相震（鼎011101+大畜111001）

30. 大過是不凡與超越　需是相需

大過震需：不凡的超人與平凡的需求間　存在理想與現實的相震（大過011110+需111010）

31. 逅是共生　小畜是突變

小畜逅震：漫長的共生之路與累積突變的生命故事　構成生命美麗的波韻

震之逅畜：逅是人類與寵物的關係　小畜是人類與天使的關係兩者相震（逅011111+小畜111011）

37. 修錯與校正（噬嗑=100101）

人生追求真善美需要修錯與校正
類似用牙咀嚼食物　把它變成可以吞食與吸收的營養
類似法治的用刑　用處罰校正邪惡　復歸善良
也類似醫生診斷病情　用排錯與篩選來求得正確的病因
在電腦運算時　用過濾的技巧來尋獲答案　都是噬嗑卦的能量

1. 剝是剝壞與結束　震是波動
   震剝相噬：波的來回不停與漸剝而止　是相對抗的兩種修正力
   剝噬相震：而用剝的正果來修錯　可以產生共鳴與圓滿的震波
   震噬得剝：用震波來校正　可以加速得到正確的碩果（剝
   000001+震100100）

2. 比是可以相比的有理數　無妄是無法相比的無理數

比妄相噬：有理數與無理數存在相噬相修的關係

妄比求噬：比是連比　無妄是亂數　連比在文義上產生諸多亂數

這是自然語言永遠需要修正的理由

比妄相噬：比的領導修正無妄的亂　無妄的自由修正比的專橫

（比000010+無妄100111）

3. 觀是觀想　隨是跟隨

觀隨噬嗑：觀想的因果秩序是邏輯推演　也是修正與診斷的功夫

觀噬而隨：觀想經過長期修正後　才產生相信與讚美的跟隨

觀隨相噬：觀太靜遠　隨太近執　兩者相修正（觀000011+隨

100110）

4. 豫是不停的誤差　頤是最大的集合或循環

噬豫得頤：集合範圍愈大誤差就愈歸正常　修正誤差或修正範圍

都可產生和諧的生態

噬豫相頤：修正的想法與自由的豫動是相顛倒的想法（豫

000100+頤100001）

5. 晉是標準　復是還原

噬嗑復晉：修正是不停復原與更新的標準

噬晉得復：修正標準可以復原初態（晉000101+復100000）

6. 萃是聚與結晶　益是加值與幫助

萃噬相益：用結晶去雜質的方法與修錯校正的方法是治理國家最

加值的方法

萃的倫理秩序與修正的刑法是幫助盛世的左右手

萃益噬嗑：結晶化的秩序可以幫助修正錯誤與偏差（萃000110+

益100011）

7. 否是否定　屯是盤旋

否屯相噬：否定的阻力減低了盤旋的速度　增加自旋的速度就減低了否定的阻力

否定與盤旋彼此修正

噬否成屯：修正也是用否定的方法盤旋到肯定的正果（否000111+屯100010）

8. 謙是兼顧　離是相映

離謙相噬：相映的兩個美女　在兼顧彼此的美醜善惡中修正

或說　在鏡子前用鏡像的自我修正實體的我　用眾生的水平修正富麗的想望（謙001000+離101101）

9. 艮是隔絕　豐是放大

艮豐相噬：艮是建立個體的極限　豐是放大自我的界限　兩者相修正（艮001001+豐101100）

10. 蹇是阻隔　同人是化同

王臣蹇蹇　意思是王與臣的立場不同　所以無法同理心思考　變成同人的蹇阻

同人於宗　意思是用宗親的關係化同　反而對天下人築起了高牆

蹇同相噬：蹇與同人存在相修正的關係　同理心與防衛心也是（蹇001010+同人101111）

11. 漸是演化　革是除舊

漸革相噬：漸的慢近與革的速改相修正　像電影的情節忽快忽慢盪氣迴腸（漸001011+革101110）

12. 小過是在細節中糾纏　賁是在邊界定形

小過噬賁：賁與噬嗑卦相綜　賁是加上美麗的邊　噬嗑是減去錯的內容

美化的細節要修錯　修正的細節要美化

過賁相噬：美化的邊界與細節的內容彼此相修正（小過001100＋賁101001）

13. 旅是行遠　明夷是藏眞

噬旅明夷：行遠爲近明　噬嗑爲了去暗

一生的修正與行遠把外在的美麗內化成心中的美麗

旅夷相噬：外旅求美與內夷藏美彼此相修正（旅001101＋明夷101000）

14. 咸是感微　家人是組合的美

咸噬家人：用微感幫助修正可漸達家人的完美

家人噬咸：用組合的美修正感性　可以進階感性到交響樂般的境界

噬家得咸：諸多美德形成完整的人格　修德與完整人格間存在微分與梯度的關係（咸001110＋家人101011）

15. 遯是退隱　既濟是調和與滿意

遯濟相噬：退場的時機與滿意的程度相修正

濟遯噬生：滿意的消失就是修正的開始（遯001111＋既濟101010）

16. 師是化一的訓練　睽是分別與對立

師睽相噬：化一與分別彼此修正

師噬相睽：用鐵的紀律來貫穿萬軍與懲處個體的犯紀行爲相睽分（師010000＋睽110101）

17. 蒙是不停的問答　歸妹是歸一的結論

蒙歸相噬：蒙蔽不清與歸納擇一間相修正（蒙010001＋歸妹110100）

18. 坎是相交錯　履是抉擇

　　坎履噬嗑：在每個交錯處作善惡的抉擇　就是修正的路

　　噬履交坎：抉擇與修正是對追求完美作相垂直的思考（坎
　　010010＋履110111）

19. 渙是擴散　兌是相談

　　渙兌相噬：擴散求傳播最遠　相談求共識相近　兩者相修正（渙
　　010011＋兌110110）

20. 解是解開　損是簡化

　　噬解為損：求解有時會太繁複　簡化是繁複的修正

　　噬損得解：簡化有時會太草率　理解的下限是對草率作修正（解
　　010100＋損110001）

21. 未濟是再續的未來　臨是接近

　　噬臨未濟：修正是用再續的未來追求更接近自己的心

　　臨噬未濟：修正是用接近的身心發現未來的不足（未濟010101＋
　　臨110000）

22. 困是圍困　中孚是相信

　　噬困中孚：越過相信的界限是不相信　修正是移動相信與不相信
　　的界限　直到最安適的可信

　　孚困相噬：一群人的互信會界定了不信的範圍　讓另一群人困在
　　被修正的地獄中（困010110＋中孚110011）

23. 訟是矛盾　節是分節

　　訟節噬隨：相訟的雙方與相隨的四季相修正

　　噬訟成節：從零和的矛盾修正到黃金率般的分節（訟010111＋節
　　110010）

24. 升是升華　大有是多元

升噬大有：升華是遠離修正的平面　或升或噬形成多元的變化

以升噬有：升虛的心修正求繁富的心（升011000+大有111101）

25. 蠱是公平的比賽淘汰　大壯是以強攻取弱

蠱壯相噬：賽局中的公平或不對等是蠱與大壯間待修正的難題

噬蠱大壯：法治與用刑經過不斷淘汰　變成正義的標準與是非良知（蠱011001+大壯111100）

26. 井是相通與分享　乾是抗逆

乾噬井通：戰勝命運是自我修正的頓悟與開通

噬井爲乾：法治求善與開井求富可以合成飛龍在天的治理能力（井011010+乾111111）

27. 巽是彈性與寬容　夬是最快的啟動

巽夬相噬：巽與夬是彼此的缺點　所以可以相修正（巽011011+夬111110）

28. 恆是持久　大畜是大歷史

恆畜相噬：歷史是埋藏的過去　恆是持久的未來　恆與大畜相修正

數學運算時追求常數與追求大數是相修正的運算

噬恆大畜：修身得道與大畜得富存在恆等關係（恆011100+大畜111001）

29. 鼎是創新　泰是旺盛的交換

鼎泰相噬：營高的鼎與求熱的泰彼此修正　一如價格與交易量的相修正（鼎011101+泰111000）

30. 大過是不凡　小畜是積小突變

噬過小畜：不凡會招來修正的考驗　修正後的不凡就是小畜的日常

小畜噬過：充滿靈變的平凡正是修正後的不凡（大過011110+小
畜111011）

31. 姤是共生　需是相需

姤之需噬：共生存在相需的關係　但藏著更多相噬相修的內容

因相需而結合的姤　要經過相噬的考驗

相噬與相需是共生的雙方（姤011111+需111010）

38. 跟隨與模仿（隨=100110）

結果跟隨原因　是因果相隨

事件的發生有時間的先後　相臨的物件有空間的排列次序

所以時空有相隨的關係

行為跟隨不同的動機　求名求利求生求快樂是跟隨的動機

天性的喜好與厭惡會定出跟隨的樣子

眾人會彼此模仿　學習值得讚美的事　信仰相同的神或理想

都是隨卦的能量

1. 剝是剝壞　無妄是平常心

　剝妄得隨：隨是有所為而前進　與無所為的無妄之行存在相剝的

　關係

隨是數列　無妄是亂數　存在相剝的關係（剝000001+無妄100111）

2. 比是領導與結盟　震是正反波動與共鳴

比隨相震：領導與跟隨是一件事的兩面　存在相震的關係

隨之比震：結盟後產生共鳴的心也是相隨（比000010+震100100）

3. 觀是遠觀　噬嗑是修正

噬觀而隨：修正後的遠觀變成跟隨的願意

觀隨噬嗑：觀想的跟隨是邏輯次序　藏著自我修正驗錯的過程

觀噬而隨：價值觀的修正產生了相隨的動機（觀000011+噬100101）

4. 豫是順動自由動　屯是盤旋

隨以屯豫：順動是往阻力最低的方向前進　隨是隨時隨機而盤旋的隨動

屯以豫隨：盤旋是一種特殊的順動與隨動　往阻力相垂直的方向前進

豫屯為隨：豫是流星　屯是地球與太陽　豫與屯是不同的天體相隨

像跳舞曲的兩人　時而擁舞　時而單舞　也像電流與磁波的關係（豫000100+屯100010）

5. 晉是眾人的標準　是大名的人生　益是加值　是獲益的行動

隨之晉益：求名與獲益是跟隨的動機　用加值的標準前進是跟隨潮流（晉000101+益100011）

6. 萃是聚集與結晶　復是反復來回

萃復為隨：跟隨是反復回於相聚的方向　是學習結晶的人生秩序

成語易經：用卦名創造成語的智慧

象徵禮教倫理的總合

復隨爲萃：重復的隨俗可成就萃的倫禮秩序（萃000110＋復100000）

7. 否是否定與逆境　頤是生態的大圓

離否隨頤：否是死境　頤是生態　跟隨是萬物離死求生的行動

頤外否隨：產生圓的循環自成一個生態　不與生態外的事物跟隨

頤內隨否：生態內的物種間有食鏈的關係　一種以生隨死的相隨

否隨相頤：拒絕與跟隨是相顛倒的能量（否000111＋頤100001）

8. 謙是求均求公　革是求改求變

謙革相隨：公平的相隨是對不公的相革　對傲慢的相隨就是對謙虛的相革

謙之革隨：革與隨是相反的行動　但是隨了A就革了B

革與隨是求公平時很難分開的兩件事

在信仰公平這件事上　革需要信衆的相隨　隨需要抉擇的革（謙001000＋革101110）

9. 艮是獨立與隔絕　同人是統合與化同

隨之艮同：跟隨自己是艮　跟隨天下人是同人　隨是在自己與天下人之間作排序（艮001001＋同人101111）

10. 蹇是阻隔與保護　豐是放大

隨之蹇豐：保護力可以確定安全　放大可以廣告行銷　追求保護與豐大是跟隨的動機（蹇001010＋豐101100）

11. 漸是演進　離是相映

隨漸相離：演進是離開軌道　隨是跟隨軌道　兩者相映離（漸001011＋離101101）

12. 小過是細節中的糾纏　既濟是調和後的滿意

隨過既濟：糾纏或相隨中距離的調和達到鉅細靡遺的程度叫滿意

濟過相隨：調和爲了精細　精細爲了滿意　既濟與小過是彼此的

動機　磨合出精細然後伴隨得宜（小過001100+既濟101010）

13. 旅是行遠　家人是組合與相惜

旅隨家人：行旅的動機是找到家人的美麗相隨

家人隨旅：家人的動機是共渡美好的人生之旅（旅001101+家人

101011）

14. 咸是感微　明夷是藏眞

咸隨明夷：感微的伴隨可以發現四周明夷的眞相

明夷隨咸：藏眞的法門在跟隨衆人既有的感性（咸001110+明夷

101000）

15. 遯是隱退　賁是定形

遯賁相隨：定形了A就是隱退了B　定形與隱退間存在相隨的選擇

（遯001111+賁101001）

16. 師是作戰訓練　兌是相談

師兌相隨：作戰與談和間存在相隨的選擇（師010000+兌

110110）

17. 蒙是看不清　履是選擇路線

蒙隨爲履：求蒙與求隨間存在一生的選擇（蒙010001+履

110111）

18. 坎是交錯　歸妹是歸遠

歸隨相坎：歸遠與隨近之間存在垂直交錯的關係（坎010010+歸

妹110100）

19. 渙是擴散　睽是分別

渙隨相睽：擴散與隨近之間存在對立的分別（渙010011+睽

成語易經：用卦名創造成語的智慧

110101）

20. 解是解開　節是分節

節以隨解：分節的斷續兼有解開與相隨的特性　每個節點既解開了連續又堅持了相隨（解010100+節110010）

21. 未濟是不足與再續　中孚是相信

未濟中孚相隨：相隨就是相續　也是相信　是再續的相信（未濟010101+中孚110011）

22. 困是界定　臨是接近

隨臨同困：相隨就是相接近到可以分享同一個界定（困010110+臨110000）

23. 訟是相斥　損是簡化

損訟為隨：簡化或減少相斥就是增加相隨（訟010111+損110001）

24. 升是升華　夬是啟動

隨之升夬：升華是向虛的相隨　夬是對號角的相隨　相隨是等候號角的升華（升011000+夬111110）

25. 蠱是挑戰　乾是抗逆

蠱隨相乾：挑戰是對相隨的抗逆（蠱011001+乾111111）

26. 井是通路　大壯是攻取

隨井大壯：隨是用信仰來跟隨神　隨神的信仰與最大的壯力相通

井壯為隨：相隨以通代攻　是打開心的通路　不是奪取對方的自由（井011010+大壯111100）

27. 巽是寬容　大有是多元

隨巽大有：相隨有兩面意思　一是有秩序的相近　一是自由的選擇與跟隨

巽有相隨：寬容與秩序是多元相異的特質　容納多元是自由的相隨（巽011011+大有101111）

28. 恆是持久　需是相需
隨之恆需：相隨的動機是相需　相隨的接續是持久　相隨是持久接續的相需（恆011100+需111010）

29. 鼎是創新　小畜是積小與突變
鼎隨小畜：創新是相隨模仿的累積產生突變（鼎011101+小畜111011）

30. 大過是超越與不凡　泰是旺盛
大過隨泰：不凡與平凡是不相隨的兩方　泰是平凡與不凡的交換　也是超越與相隨的合一（大過011110+泰111000）

31. 姤是相遇與共生　大畜是全集合
大畜隨姤：共生是相隨的眾生　大畜是相遇又相隨眾生的全集合（姤011111+大畜111001）

39. 無常與平常（無妄=100111）

天地之大　我們知道的很少　所以常常覺得它沒有道理
是天地無常的本質
當智慧成長了　無常的事見多了
我們漸漸覺得無常也是一種有常　這是平常心的養成
量子力學說　世界的成住壞空都是機率的波動
種瓜不一定得瓜　不努力也會成功　很多事是不可猜
不可預測　是意外的　機率的　都是無妄卦的能量

1. 剝是剝壞　隨是因果相隨
   剝隨無妄：因果相隨的剝壞　事情失去了道理　失去了邏輯　就是無妄
   隨是有次序的數列　失去了數列的次序　就成了無常的亂數（剝000001＋隨100110）

2. 比是親比　噬嗑是處罰與修錯
   比噬無妄：人際關係的無常　是一邊相親比一邊相處罰修錯（比000010＋噬100101）

3. 觀是觀想　震是來回的波
   震觀無妄：觀想的波動　時而無常時而有常　就是無妄
   觀世界有時是震盪驚恐　有時是共鳴和弦　也是無妄
   觀妄相震：觀是人觀　無妄是天意　人觀與天意相震（觀000011＋震100100）

4. 豫是誤差與不受拘束　益是加值
   豫益無妄：平常心可以在豫動中不斷加值　無常心則在加值中不斷發生誤差（豫000100＋益100011）

5. 晉是標準　屯是盤旋
   晉屯無妄：標準可以是盤旋的助力或阻力　這是猜不準的事
   放開標準的局限與阻力　努力盤旋突破　就是無畏於無常的菩薩行（晉000101＋屯100010）

6. 萃是結晶的秩序　頤是顛倒與循環的生態
   無妄萃頤：不可預測的無妄是生態最後的秩序
   聚實或循環　是萬物相養相生的無常與平常　又顛又頤的難測（萃000110＋頤100001）

7. 否是逆境與否定　復是回復

成語易經：用卦名創造成語的智慧

復否無妄：反復的否定可以是肯定　也可以是否定　是無常　也是有常（否000111+復100000）

8. 謙是均平　同人是化同

謙同無妄：均平類似無妄　人生本來就是不公平　但是長遠去看又很公平

富貴貧賤是不公平　都是肉身會剝壞是公平　智愚善惡不公平但都有喜怒之情是公平

萬物都呈現無常與有常　公平與不公平的兩面　所以謙化同無妄（謙001000+同人101111）

9. 艮是獨立與相安　革是除舊

無妄艮革：從相安到革變是無常　革變到不革變是有常　平常心貫穿相安與革變　是相安於革變的心（艮001001+革101110）

10. 蹇是阻隔與保護　離是分裂與相映

蹇離無妄：從阻隔變保護是無常　從分裂變相映也是

無妄蹇離：本質相同應用不同是無常　應用不同本質相同是有常

一條大河可以阻隔兩岸　也可以相映兩岸的文明　無妄帶給人生驚豔（蹇001010+離101101）

11. 漸是演化　豐是放大

漸豐無妄：有常的演化變成無常　但經驗的放大把無常又變回有常

無妄是演化的無常變成放大的有常（漸001011+豐101100）

12. 小過是細節　家人是組合

小過家人無妄：組合的細節是無妄　是量子世界的機率　細節的組合是完美　是由小組大的平常（小過001100+家人101011）

13. 旅是行遠　既濟是調和與知足

濟旅無妄：人生如行旅　要無災無難是不可能的

如果心存無妄的智慧　可以買平安保險　則可以接近既濟之旅

無常之慮　既濟之保險　是平安之旅的保證

用滿足之心可以行遠無妄之旅（旅001101+既濟101010）

14. 咸是覺知感性　賁是美的定形

咸賁無妄：感性充滿無妄的變化　美的定形也是

萬變的感性與美的定義　正是人生最日常的無妄（咸001110+賁101001）

15. 遯是隱退　明夷是藏真

遯夷無妄：退逃的心隱藏著無妄的果決勇敢

遯與明夷的同質性很高　元素卻不同　遯是輕功　明夷是騙術

兩者的無常是隱退與真假難分　兩者的有常是豐收與自保　先無常後有常　即是無妄（遯001111+明夷101000）

16. 師是服從於訓練　履是自由地選路

師履無妄：師是整齊的踢正步　履是一個人小心地走　無妄是自由與服從之間的無常

師是一生的慣性　履是時時的敬慎　兼有慣性與敬慎即是平常心（師010000+履110111）

17. 蒙是看不清楚　兌是相談

蒙兌無妄：無妄是猜不準　看不清楚與猜不準是兩個知心的朋友（蒙010001+兌110110）

18. 坎是交錯　睽是分別心

無妄睽坎：平常心與分別心是相交錯的心　把交坎的心拆開了就成平常心（坎010010+睽110101）

19. 渙是擴散　歸妹是歸一

無妄渙歸：天意先渙散在無知的未來　再變成歸一的現在　先渙再歸是無妄的原貌

歸渙無妄：先歸後渙是無妄的變裝（渙010011＋歸妹110100）

20. 解是解開　中孚是相信

無妄解孚：從理解到相信的距離很遠　從相信到理解更遠

平常心是不理解也能相信的心　也是不相信也能理解的寬容（解010100＋中孚110011）

21. 未濟是永續的未來　節是分節

未濟妄節：無妄是未知的未來　是分成四季後仍然不足的未來

妄節未濟：無妄是無理數　是無法用整數除盡或分節的數　是如何用情節分析也說不清楚的未濟（未濟010101＋節110010）

22. 困是界定的範圍　損是減除

損困無妄：困是自拘於困圍　減了自困　就是平常心　勇於挑戰未來的無妄

損妄為困：無常亂數的減除即是受界定的集合（困010110＋損110001）

23. 訟是相斥與矛盾　臨是接近與表演

訟臨無妄：相斥的情緒或接近眾生的無妄心　總是愛恨交加是非不分

無妄訟臨：解開矛盾而盡情表演　超越無常而實踐平常（訟010111＋臨110000）

24. 升是升華　乾是抗逆

無妄升乾：平常心是對虛幻世界的抗逆　也是抗逆與升華的總合（升011000＋乾111111）

25. 蠱是淘汰　夬是啟動

無妄蠱夬：淘汰後的結局是無妄　啟動後的變化也是無妄

從啟動到結局都是無妄　淘汰了無常就啟動了平常　反之亦然

（蠱011001+夬111110）

26. 井是通路　大有是多元

無妄井有：無妄是不一定　猜不準　或許　是製造多元的原力

也是通往多元宇宙的蟲洞（井011010+大有111101）

27. 巽是寬容　大壯是攻取

無妄巽壯：無常是寬容的本質　大壯是平常心的正氣浩然

從寬容接受到大壯攻取　正是無畏前進未來的無妄（巽011011+

大壯111100）

28. 恆是持久　小畜是突變

無妄恆畜：無妄是不畏無常突變　持久前進的平常心（恆

011100+小畜111011）

29. 鼎是創新　需是相需

鼎需無妄：相需的慾求是日常　創新的文明是無常　心在相需中

創新　在創新中發現新的飢渴（鼎011101+需111010）

30. 大過是不凡　大畜是全集合

過畜無妄：不凡是無常　大畜是平常　不凡與大集合　是無常與

平常的總合　即無妄（大過011110+大畜111001）

31. 姤是共生與遇合　泰是交換旺盛

姤泰無妄：從遇合到共生即有無妄　泰的天地交換更是無常

姤體與泰體描寫了生命到生態的生氣旺然　也是無妄天對人間最

大的祝福（姤011111+泰111000）

成語易經：用卦名創造成語的智慧

40. 隱藏與遮蔽（明夷=101000）

隱藏是生命最重要的自保方式

遮蔽是寶貝自己與自我珍藏的手段

讓人誤解與無知也是防護重大祕密的要訣

天地充滿我們無知的祕密與眞理　眞相有時很傷人

所以隱藏眞相可以保護幸福的生活

我們也學會用黑暗保護光明　用僞裝欺騙的手段來避開傷害

用深藏來相惜　都是明夷卦的能量

1. 剝是剝壞　賁是定形與說一個故事

   剝賁明夷：剝壞了定形　消滅了故事　就製造了隱藏與祕密（剝
   000001+賁101001）

2. 比是連比與對比　既濟是滿足與調和

   比夷既濟：把對比的雙方相連結　同時允許各自保有私心　卽開
   啟了調和的機制

   既濟夷比：比是比盟與領導　滿足的結盟關係隱藏著英明的領導
   滿足的關係藏在A與B　的比率

   濟比明夷：滿足引導心靈自明而不用外顯

   完美的比率像黃金率隱藏著諸多眞理（比000010+既濟101010）

3. 觀是觀想　家人是組合

   觀夷家人：觀想隱藏著各種美麗的組合　譬如觀念或價值觀
   隱藏的技巧與遠觀者的洞察組合成美麗的家人

   夷觀家人：自我珍惜的心與觀照眾生的心組合了家人的佛法　卽
   小乘與大乘的佛法（觀000011+家人101011）

4. 豫是誤差與自由度　豐是放大

   豫夷以豐：放大可以發現隱藏的誤差　崇尚自由隱藏著自大自戀
   的心（豫000100+豐101100）

5. 晉是唯一的標準　離是相映

   晉離相夷：唯一的標準隱藏了相映的眾生　百花相映也隱藏了美
   麗的標準

   晉夷相離：晉明與藏晦的世界相映（晉000101+離101101）

6. 萃是結晶　革是革變

   萃革相夷：結晶的成果遮蔽了革變的過程　革變的後果也夷滅了
   結晶的秩序（萃000110+革101110）

7. 否是否定　同人是化同

明夷同否：隱藏是對真相的否定

否同相夷：而否定的心往往藏著認同的目標　認同的話也藏著否定的心意

夷否同人：自我珍藏化同對外界價值的全面否定（否000111+同人101111）

8. 謙是公平心　復是還原

公平心是自然還是不自然是個謎　公平心隱藏著初心還是遮蔽了初心　也是個謎

明夷謙復：謙虛是隱藏成就的還原　復是隱藏謙的高度

隱藏心兼有謙的營低與復的還原（謙001000+復100000）

9. 艮是獨立相安　頤是生態鏈

艮頤相夷：獨立相安隱藏在生態圈裡　而生老病死的循環藏在每個獨立的生命裡（艮001001+頤100001）

10. 蹇是阻隔　屯是盤旋

蹇屯相夷：阻隔藏在盤旋的動靜中　盤旋也藏在阻隔的邊界（蹇001010+屯100010）

11. 漸是演化　益是幫忙與加值

漸益相夷：演化是自我加值　也藏著對全物種的加值　幫忙是對別人的加值　也藏著自我的加值（漸001011+益100011）

12. 小過是細節中的糾纏　震是來回的波

過震相夷：細節的世界充滿隱藏的震波　共鳴的世界也隱藏豐富的糾纏

夷過震現：詩的創作包含了說事的細節與隱藏的寓意　疊出豐富的氣韻（小過001100+震100100）

13. 旅是行遠與近明　噬嗑是修錯與復明

旅噬相夷：行旅的身體的近明藏著復明的心　修錯的修行藏著心的大量閱讀（旅001101+噬100101）

14. 咸是感性與變化的梯度　隨是跟隨與數列的次序

咸隨明夷：感性藏在相隨的變化中　跟隨藏在感性的趨性中（咸001110+隨100110）

15. 遯是退隱　無妄是面對無常的平常心

遯妄明夷：退出了平常心　就剩明夷的欺騙心

妄遯夷消：當無常消失了　明夷的真相就出現（遯001111+無妄100111）

16. 師是作戰訓練　泰是交換旺盛

師泰明夷：作戰的實力藏在泰旺的經濟　盛世隱藏在堅強的軍力（師010000+泰111000）

17. 蒙是看不清　大畜是歷史寶藏

大畜夷蒙：看不清楚是因為歷史充滿真假難分的記錄

愈詳盡的記錄藏著愈多的欺騙與謊言　讓心智充滿了蒙昧不清（蒙010001+大畜111001）

18. 坎是交錯與相為難　需是相需

坎需相夷：相坎藏著相需的祕密　相需藏著相坎的過去

需夷相坎：相需是外求的愛需　相藏是內足的愛需　兩者是相坎的能量（坎010010+需111010）

19. 渙是擴散　小畜是突變

渙畜相夷：病毒擴散藏著突變的意圖　病毒突變藏著擴散的計劃

夷之渙畜：感染力的強大藏在擴散與突變的速度（渙010011+小畜111011）

20. 解是解開　大壯是攻取

解壯相夷：解開約束隱藏攻取的野心　攻取的行動隱藏崩解的危機（解010100+大壯111100）

21. 未濟是不足　大有是多元

未濟大有相夷：不足之心藏著多元的想望　多元的外表藏著諸多內在的不足

夷之未有：隱藏的世界比可見的未來更悠遠多元（未濟010101+大有111101）

22. 困是界定最小的範圍　夬是開啟最快的動員

困夬相夷：安於困圍藏著開天闢地的心　夬決的行動藏著縮困的計劃（困010110+夬111110）

23. 訟是矛盾　乾是抗逆

訟乾相夷：矛盾藏著抗逆的原力　抗逆藏著永訟的矛盾

乾夷大訟：戰勝自己藏著許多矛盾的思維

夷訟大乾：隱藏矛盾是最強大的抗逆（訟010111+乾111111）

24. 升是升華　臨是接近

升臨相夷：升華是隱藏的登臨　靠近自己的初心即是靠近神隱的聖心

明夷升臨：隱藏的手法有二　一是升入虛無　一是附身於觀察者（升011000+臨110000）

25. 蠱是淘汰　損是簡化

損蠱明夷：簡化的祕密是自我淘汰　反之亦然

隱藏的手法有二　一是淘汰到至簡　二是減去多餘的爭鬥（蠱

011001+損110001）

26. 井是通路　節是分節

井節相夷：心的通路藏在美的節奏裡　四季的祕密藏在歲月的共享　每個生命都藏著一個節奏一口好井

通路藏在節點　節點藏著通路

普天同慶的共節說明了對的分節就是對的通路（井011010+節110010）

27. 巽是寬鬆容忍　中孚是互信

巽孚相夷：寬鬆藏著互信　互信藏著容忍

巽夷中孚：生死默契藏在諸多亂象中（巽011011+中孚110011）

28. 恆是持久　歸妹是斷捨離與迎接未來

歸妹夷恆：持久要隱藏現在與迎接未來　歸妹藏著持久前進的心

歸妹把現在隱藏而顯現未來（恆011100+歸妹110100）

29. 鼎是創新與調理　睽是分別

鼎夷相睽：文明的創新與明夷的藏明相分別

睽鼎相夷：耳目聰明的能力與創新調理的能力相珍藏

創新隱藏陳舊　睽分隱藏認同　創新與睽分是隱藏的彼此（鼎011101+睽110101）

30. 大過是不凡　兌是相談

過兌相夷：不凡的心超越凡俗　但也隱藏在平凡的相談中　無法與平凡對談不是真正的不凡　是欺騙的不凡

過夷相兌：超越與隱藏是兩個知心的好友　極端的隱藏是開誠佈公（大過011110+兌110110）

31. 姤是共生　履是獨行

姤之夷履：共生的雙方活在相隱藏的命運中

人神共生是隱藏的神意指引著人的獨行

姤履相夷：獨行藏著不為人知的人神遇合　共生藏著不為人知的獨行（姤011111＋履110111）

41. 定形與美化（賁=101001）

寫一個美麗的故事　畫一張美麗的圖

都要用定形與美化包裝的手法

易經說　美化與定形要有細節（賁其趾）　有重點（賁其鬚）

有模糊與懸疑（賁如濡如）　有虛有實（賁如皤如）

有邏輯有幻想（白馬翰如）　有複雜度（匪寇婚媾）

又有簡單的元素（賁于丘園，束帛戔戔）

最後要還璞歸眞（白賁）　這些都是賁卦的能量

1. 剝是剝壞　明夷是藏眞

　　夷剝則賁：隱藏的心剝壞後就是定形　把剝壞隱藏起來就是美化

養生的祕密就是用各種的賁美把時剝之箭隱藏起來（剝000001＋明夷101000）

2. 比是連比　家人是組合美麗

賁比家人：用1串連全部的美麗　替美麗的故事取一個題目　都是賁美（比000010＋家人101011）

3. 觀是觀想　既濟是調和

觀濟而賁：經過調和的想像是既虛又實的故事　用滿足來整理觀想是人生的美化（觀000011＋既濟101010）

4. 豫是順動　離是相映

賁以豫離：美是最輕快的相映　也是心在鏡像中的跳動

賁不只是定形的1　還是偏差後相映又不相映的2（豫000100＋離101101）

5. 晉是標準　是認知的總合　豐是放大　也是遮蔽

賁之晉豐：美的形從標準到放大　不易決定　定形是在標準與放大間抉擇

晉豐相賁：晉是巨星　豐是廣告　廣告美化了巨星　巨星美化了廣告

豐晉成賁：豐是畫家的筆　晉是美麗的模特兒　賁是畫家的筆與模特兒的總合（晉000101＋豐101100）

6. 萃是結晶　同人是化同

賁萃同人：結晶是秩序的完美化　賁是形的完美化　賁美與結晶化同（萃000110＋同人101000）

7. 否是否定　革是革變

以賁否革：美化的終點是不用再改變

賁以革否：定形的意義是對否定的推翻（否000111＋革101110）

8. 謙是公平　頤是生養圈

　　謙頤爲賁：公平的顛倒是個體極力的美化自己

　　謙以賁頤：生態的美化是萬物都有公平欣欣向榮的機會（謙
　　001000＋頤100001）

9. 艮是獨立相安　復是還復

　　艮以復賁：艮止是萬物相安於自己的命名　沒有交錯與交集

　　這是老子的無爲之治　是政治的最美化　也是自然的還原（艮
　　001001＋復100000）

10. 蹇是阻隔　益是加值

　　蹇賁爲益：阻隔的美化是加值地保護　是對一條大河的美化

　　益賁爲蹇：加值的美化是給它一個界限一個邊　不讓溺愛破壞了
　　孩子的堅強（蹇001010＋益100011）

11. 漸是進化　屯是盤旋

　　以漸賁屯：進化是美化的盤旋

　　以屯賁漸：盤旋美化了進化（漸001011＋屯100010）

12. 小過是細節　噬嗑是修錯

　　賁之過噬：美化是用細節來修錯

　　賁噬小過：定形是經過修錯後產生的細節（小過001100＋噬
　　100101）

13. 旅是行遠　震是波韻與共鳴

　　賁旅相震：定形就不再行遠　所以賁與旅相震

　　賁之震旅：寫一個故事或畫一張圖　是用心尋找共鳴之旅（旅
　　001101＋震100100）

14. 咸是感性　無妄是平常心

　　咸賁無妄：美感是人意對天意的素描

成語易經：用卦名創造成語的智慧

賁之咸妄：是兼有微感與無畏的美麗心靈（咸001110+無妄100111）

15. 遯是退隱　隨是跟隨

遯隨相賁：在退隱中跟隨是更美的跟隨　用相隨的方法退隱是更美的退隱

遯以賁隨：遁入空門是與佛完美的相隨（遯001111+隨100110）

16. 師是訓練作戰　大畜是全記錄

賁之師畜：美化是長期的訓練與詳盡的記錄　美麗藏在大數與一貫中

賁畜為師：美化不是記錄　是把記錄變成奉守一生的使命（師010000+大畜111001）

17. 蒙是看不清　泰是交換旺盛

蒙泰為賁：定形是看不清的交換　問與答熱烈的交換造就了美的定形

蒙賁交泰：寫實與寫意　定形與扭曲　交換著美的面貌　旺盛了藝術的生命（蒙010001+泰111000）

18. 坎是交錯　小畜是突變

賁畜交坎：定形與突變相交錯　突變的垂直思考是定形（坎010010+小畜111011）

19. 渙是擴散　需是相需

渙賁相需：擴散與定形間存在相缺相需的特質

賁渙為需：擴散力的定形是相拉近的張力

需賁而渙：相愛的定形是在愛慾中蒸發（渙010011+需111010）

20. 解是解開　大有是多元

解有為賁：解開了多元就剩定形

賁解大有：定形或解放可以製造多元（解010100＋大有111101）

21. 未濟是不足　大壯是攻取

未濟賁壯：不足與貪念定義了用壯的行動　守缺之心美化了用壯的生命

壯賁未濟：理直氣壯美化了人性的貪婪

未賁大壯：在美中不足是求美的壯游（未濟010101＋大壯111100）

22. 困是界定　乾是抗逆

乾困為賁：界定與安困是安居樂業的我們　抗逆受困是不斷美化人生的我們

困賁相乾：不斷縮小自己的困與不斷尋邊的美麗心相抗逆（困010110＋乾111111）

23. 訟是相斥　夬是啟動

賁夬相訟：定形的美與啟動的未知相斥

訟賁而夬：排斥了定形定義便開啟了新義新形（訟010111＋夬111110）

24. 升是升華　損是簡化

升損相賁：升虛與簡化彼此美化

升賁相損：升華與定形彼此簡化

損升成賁：減少了升虛就是定形的開始（升011000＋損110001）

25. 蠱是淘汰　臨是接近

蠱以臨賁：美化是不斷淘汰挑戰然後接近完美（蠱011001＋臨110000）

26. 井是通路　中孚是相信

賁井中孚：心最美的通路是誠信　相信是無遠弗屆的通路（井

011010+中孚110011）

27. 巽是寬鬆　節是分節

節以賁巽：分節後美化了寬鬆　如關節可以美化肢體的曲折（巽011011+節110010）

28. 恆是持久　睽是分別

恆睽相賁：持久是不變　不變是變的積合　睽是正反合的二元論
持久的積合與睽的正反分合互相美化

賁睽恆等：對分的睽與定形的美存在恆等的關係　睽而知黑白
賁而得美醜（恆011100+睽110101）

29. 鼎是創新　歸妹是歸迎未來

鼎歸相賁：文明的方向是創新　時間的方向是歸妹　創新與歸妹
美化彼此的方向（鼎011101+歸妹110100）

30. 大過是不凡　履是獨行

過履相賁：不凡與獨行彼此定義與美化（大過011110+履110111）

31. 逅是碰撞與共生　兌是相談

逅兌相賁：相談的心美化了碰撞　共生美化了生命的相談（逅011111+兌110110）

42. 滿足與調和（既濟=101010）

水太熱或太冰都不好喝　調和到溫水可以適合入口

環境調和後很適合人的居住

很渴時有水喝　很餓時有食物吃　風調雨順

一切讓心滿意的狀態　都是既濟卦的能量

既濟不是完美　是不完美也滿足　不是精確

是不精確但經過調和的　是幸福　但不是富貴逼人

1. 剝是剝壞與結局　家人是相惜的組合

濟剝家人：既濟是心的已足　剝是過去的已滅　兩者如家人相惜

剝家既濟：用剝的歲月調和家的親愛精誠　用相惜的心調和相剝的風雨（剝000001+家人101011）

2. 比是顯比　用最顯明的號召結盟　明夷是藏明與用晦

比夷既濟：領導統御學是一種調和的藝術　明顯的口號與隱藏眞相的調和

既濟是比的友誼調和明夷的藏私　用沒說的隱喻調和連比的字義（比000010+明夷101000）

3. 觀是觀想　賁是定形與美化

觀賁既濟：靜觀的世界與定形的世界代表虛實的兩端　調和的人生是既有虛觀也有實賁

觀賁相濟：用審美的觀調和賁美的造形　用說故事調和美的感動（觀000011+賁101001）

4. 豫是順動　革是革變

豫革相濟：順動的自由與改革的堅持相調和

是豫的歡樂心調和革的善變心　是革弊行動與誤差行爲的相濟（豫000100+革101110）

5. 晉是標準　同人是化同

既晉同人：標準是衆生的常識與依歸　是調和後滿意的知世界

所以既濟與晉相化同

晉同既濟：晉是唯一的光明　化同是萬家燈火　既濟是獨明與衆明的調和　是可以接受的知名度

人生的滿足在兼有巨星的光芒與同人的平凡（晉000101+同人101111）

6. 萃是結晶　豐是放大

萃豐既濟：結晶是極度收縮的秩序　放大是光明對時空的佔取　既濟是占有合宜的時空又不失幸福的秩序（萃000110+豐101100）

7. 否是否定　離是相映

否離相濟：否定是存在的消滅　離是生生不息　既濟是生滅兼有的健康（否000111+離101101）

8. 謙是公平心　屯是盤旋

謙屯既濟：公平心是海的兼納百川　屯是流動與凝結的兼有
既濟是百川向海的盤旋　天使向人間的盤旋　也是兼有動靜的幸福（謙001000+屯100010）

9. 艮是相安　益是加值與合作幫忙

艮益既濟：既濟是尊重獨立相安與慷慨加值與幫忙
是調和後的絕情與熱情　孤獨與善良（艮001001+益100011）

10. 蹇是阻隔與保護　復是還復

蹇復既濟：既濟是保護身體的皮毛與脫皮後蛻變　是可穿可脫的盔甲　也是可還原的阻隔（蹇001010+復100000）

11. 漸是演進　頤是循環圈

漸頤既濟：演進的循環是漸快的轉輪　循環的演進是更大的循環
既濟是生命合宜的漸進與循環　像周一到周日的一生
生命在成長與循環中調和幸福（漸001011+頤100001）

12. 小過是細節　隨是跟隨

既濟過隨：跟隨製造次序　細節產生糾纏　既濟是兼有次序與細節的合宜
是最靠近小數點的數　譬如＜10與＞0.1的數是一生最令我們滿意的好友

細節糾纏中有次序　跟隨的遠近中有細節　是讓人合宜滿意的關係（小過001100+隨100111）

13. 旅是行遠　無妄是平常心

旅妄既濟：行遠追求更多的無妄未知　無妄追求行遠後的平常心

既濟是既有驚艷又有平常的一生

行遠發現無妄的無所不在　也發現無妄的平凡適常　無妄是行遠的風險也是樂趣（旅001101+無妄100111）

14. 咸是最微的感性　震是不安的波

既濟咸震：最微的震波是易經中的震蘇蘇　震遂泥　是持久震動後達到平衡的樣態

是生活在溫柔的氣韻下的每天

感微可以放大波的震輻　也可放慢波的頻速

咸濟相震：咸是覺知世界的仙后　而既濟是平和世界的國王　兩者相震（咸001110+震100100）

15. 遯是退隱的輕功　噬嗑是修錯的大刀

遯噬既濟：既濟是既能用輕功躲過攻擊　又能一擊正中要害的武功

退而豐收　噬而除毒　大小盡美而得宜（遯001111+噬100101）

16. 師是作戰訓練　需是相需

師需既濟：既濟是既能打勝仗又能供養民需的國力　既有訓練紀律又有愛慾渴望的心靈（師010000+需111010）

17. 蒙是看不清　小畜是突變

蒙畜既濟：既濟是既能累積小確幸又能安於模糊的心靈（蒙010001+小畜111011）

18. 坎是交錯　泰是交換旺盛

濟泰相坎：泰是物種中的暴龍或人類　既濟是謙卑的小康之家
強盛與知足是相垂直的價值觀

泰坎既濟：既濟是能用坎學習與用泰制勝的智慧（坎010010+泰
111000）

19. 渙是擴散　大畜是集中的大數據

渙畜既濟：既濟是既能稀釋苦痛又能積大數據的智慧
既能廣施善行又能積大財富的一生（渙010011+大畜111001）

20. 解是解開　夬是啟動

既濟解夬：解開仇怨是最快的滿足　知足常樂是解開人生苦痛的
鑰匙　也是啟動善良的解悟

無中生有的開啟與由有解無的去連結　是人生可有可無的既濟
（解010100+夬111110）

21. 未濟是再續的未來　乾是抗逆

未既相乾：既濟是滿足的現在　未濟是CONTINUE既濟是
BREAK　彼此相抗逆（未濟010101+乾111111）

22. 困是界定最小的範圍　大壯是進取最大的時空

困壯既濟：既濟是知困且能長壯　用壯且能守困（困010110+大
壯111100）

23. 訟是相斥　大有是多元

既濟訟有：既濟不貪多元　也不同於矛盾　是兼有矛盾與多元的
心靈　是在相訟時讚美異端的胸懷

濟訟大有：既濟善用相訟的兩方調和豐富的多元（訟010111+大
有111101）

24. 升是升華　節是分節

升節既濟：升華是求虛　節分是尋找節奏　既濟是外升內節的調

和　　也是在節奏中找到天使的心（升011000+節110010）

25. 蠱是挑戰　中孚是相信

蠱孚既濟：既濟是能挑戰世界又能與神相通的心靈（蠱011001+中孚110011）

26. 井是通路　臨是接近

井臨相濟：一種通路可以接近萬種滿足　接近眾生可以發現萬種通路（井011010+臨110000）

27. 巽是寬容　損是簡化

巽損既濟：既濟是能納多容異又能簡化心靈　是用最簡的元素創造最寬鬆的想像（巽011011+損110001）

28. 恆是持久　兌是相談

既濟恆兌：既濟是既能持久又能精確的討論　是能堅持立場又能妥協談判（恆011100+兌110110）

29. 鼎是創新　履是獨行

既濟鼎履：既濟是能融合創新又能割捨獨行的智勇雙全　是華麗的文明也是每個路口的小心敬慎（鼎011101+履110111）

30. 大過是不凡　歸妹是歸依未來

既濟過歸：既濟是不凡的現在也是歸依的未來　是拒絕平凡又歸屬平淡　是既造就自我又祝福別人（大過011110+歸妹110100）

31. 遘是遇合後的共生　睽是分別

睽遘既濟：既濟是自足的矛盾　像水與火的相剋與調和　是對立的兩方相遇合而不再對立且產生共生

調和是用相對立的元素來營造共生體（遘011111+睽110101）

43. 組合與相惜（家人＝101011）

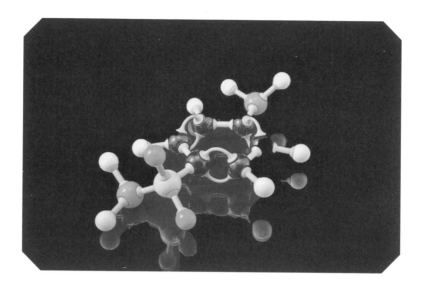

組合是化學世界　萬物從元素開始組合
變成分子與生命與物種
相惜的組合是家人般的共生體　有角色與功能　先分工後合作
是團隊的精神　是從章節變成故事的組合
是從單一組合完美的過程　都是家人卦的能量

1. 剝是結局與剝壞　既濟是調和與滿足
   家人剝濟：家人的故事會有一個結局　但有一萬種滿足
   家人濟剝：完美是在剝壞時努力地調和對立（剝000001+既濟
   101010）
2. 賁是美化　比是類比

家人賁比：完美會有一個美麗的名字　　但有一萬種別號

家人是最美麗的結盟（賁101001+比000010）

3. 明夷是藏眞　觀是觀想

　　家人夷觀：美麗的故事有一個沒說的祕密　但有一萬種遐想

　　完美是一種深藏　一種輕遠的欣賞（明夷101000+觀000011）

4. 豫是順動　同人是化同

　　家人豫同：美麗的故事主角是風中的萬物　從羽毛到浪花

　　情節完美的發展要有一顆自由的心　闡述的是眾生的同理（豫
　　000100+同人101111）

5. 革是改變　晉是唯一的太陽

　　家人晉革：完美的故事是善變的朝日也是向晚的夕陽

　　家人不只是唯一的標準　完美喜歡多變的亮麗（革101110+晉
　　000101）

6. 萃是結晶　離是映離

　　家人萃離：家人是萃聚的晶鑽　也是離離的牛羊

　　組合的世界追求繁多　也鍾愛秩序（萃000110+離101101）

7. 豐是放大與自戀　否是否定

　　家人否豐：家人否定自戀式的放大

　　家人豐否：家人會用放大的心思研究對方的否境與悲傷（豐
　　101100+否000111）

8. 謙是公平　益是加值與幫忙

　　家人謙益：家人是畫一張圖　用天使的筆沾上謙卑的墨開始塗鴉

　　相惜是兼顧的心與願意幫忙　是加值的智慧與凡事公平（謙
　　001000+益100011）

9. 艮是獨立與相安　屯是盤旋

家人艮屯：家人是寫作　爲孤獨的靈魂裝上翅膀開始飛翔

相惜是尊重個別的角色特色　願意相擁共舞的心（艮001001+屯100010）

10. 蹇是阻隔與保護　頤是循環圈

家人蹇頤：相惜我們僅有的家要用生命維護　萬物的家用環保來相惜（蹇001010+頤100001）

11. 漸是演進　復是復原

家人漸復：完美的故事在美麗中演化　在善良中還原（漸001011+復100000）

12. 小過是細節　無妄是平常心

家人過妄：完美的故事常在細節中糾纏　在理想中闊步（小過001100+無妄100111）

13. 旅是行遠　隨是跟隨

家人旅隨：完美的故事要有探險的視野與緊扣的情節（旅001101+隨100110）

14. 咸是感性　噬嗑是修錯

家人咸噬：完美的故事要有感動的喜與修正的痛（咸001110+噬嗑100101）

15. 遯是退逃　震是共鳴

家人遯震：完美的故事要有退逃的隱與共鳴的韻（遯001111+震100100）

16. 師是作戰　小畜是突變與靈感

家人師畜：完美的故事要有生死交戰的一貫與靈感突圍（師010000+小畜111011）

17. 蒙是模糊與曲折　需是相需與慾望

家人蒙需：完美的故事要曲折懸疑與強烈的愛慾　讓人欲罷不能的吸引力（蒙010001+需111010）

18. 坎是交錯的路口　大畜是大的集合

家人坎畜：完美的故事要有衝撞的交點與萬有的集合　是大數劇的垂直思考（坎010010+大畜111001）

19. 渙是擴散　泰是交換旺盛

家人渙泰：完美的故事要有散空後的雲淡風輕與生死交泰的兩極（渙010011+泰111000）

20. 解是解開　乾是抗逆

家人解乾：完美的故事要有和解的暢快與抗逆的血汗（解010100+乾111111）

21. 未濟是再續的未來　夬是啟動

家夬未濟：完美的故事要貫穿未來與人性的最初始　有永遠不足的再續力（未濟010101+夬111110）

22. 困是困圍　大有是多元

家困大有：完美的故事要有困局的緊度與異想多元的寬度（困010110+大有111101）

23. 訟是相斥　大壯是攻取

家訟大壯：完美的故事要有矛盾的張力與攻伐的氣勢（訟010111+大壯111100）

24. 升是升華　中孚是相信

家升中孚：完美的故事要能化入虛冥又能與神連心（升011000+中孚110011）

25. 蠱是淘汰　節是分節

家人蠱節：完美的故事要有不朽的賽局與簡約的勝負（蠱

011001+節110010）

26. 井是通路　損是簡化

　　家人井損：完美的故事要有通透的苦行與禪空的了然（井
　　011010+損110001）

27. 巽是寬大　臨是表演

　　家人巽臨：接近完美要用大膽的夢想　去表演最好的自己（巽
　　011011+臨110000）

28. 恆是持久　履是擇路

　　家人恆履：家人完美組合且相惜　是恆常的關係　讓人有勇氣履
　　險而安

　　家履為恆：履是一組命運的參數　家人是一組開鎖的密碼
　　（COMBINATION）　參數與密碼恆等（恆011100+履110111）

29. 鼎是創新　兌是相談

　　家人鼎兌：完美的故事要常與創意對話　是大廚與食材的對談
　　也是不斷創新的相知（鼎011101+兌110110）

30. 大過是不凡　睽是分別

　　家睽大過：完美的故事要有不凡的極端值與對立的善惡　完美就
　　是最極致的明白（大過011110+睽110101）

31. 姤是共生　歸妹是迎向未來

　　家姤歸妹：完美的故事要從遇合到歸無　共生到永恆　一氣呵成
　　（姤011111+歸妹110100）

成語易經：用卦名創造成語的智慧

44. 放大與擴張（豐=101100）

光線會往四周放大擴張　　火會慢慢燎原　　知識會漸漸洗腦

有名氣的人愛廣告自己　　自戀的人愛吹噓自己

都是豐卦的能量

豐卦的優點是日正當中　　缺點是遮蔽了星光燦爛

放大是觀看遠星的手法　　也是發現細節的方向

放大世界的美善　　是盛世的才德

1. 剝是最高的點　　離是繁殖最多　　是相映

   剝離為豐：站上自私的最高點或繁殖最多可以豐大自己

   剝是剝壞　　剝壞了相映就剩孤獨　　剝壞了繁殖能力就剩獨角獸

   （剝000002+離101101）

2. 比是連比　革是變革

　　比革爲豐：爲了豐大與擴張　我們盟比萬物且革除異己（比000010+革101110）

3. 觀是觀想　同人是化同

　　豐觀同人：豐大是大觀天地的心　因爲放大　所以觀遠　觀與豐化同

　　同觀爲豐：豐大了觀想就能化同天地　化同之觀就是豐小我成大我的觀（觀000011+同人101111）

4. 晉是唯一的太陽　賁是美化

　　豐晉爲賁：豐大是如日中天的太陽　是粉飾太平的宣傳

　　豐賁爲晉：畫家可以把太陽畫進畫中　廣宣可以把畫變成舉世的太陽

　　晉之賁豐：在成相的世界　形的確定與變動相得益彰（晉000101+賁101100）

5. 豫是順動　明夷是藏明

　　豐豫明夷：豐大是廣告　是另類的騙術　也是順動的假相

　　明夷豫豐：豐大是最容易的隱藏　說假話是最簡便的豐大（豫000100+明夷101000）

6. 萃是結晶　既濟是調和

　　豐萃既濟：光的放大與聚焦相調和

　　豐大的修心之路　先讓心晶瑩無垢再讓心調和滿缺（萃000110+既濟101010）

7. 否是否定　家人是組合完美

　　豐否家人：豐大是自戀的心　否定了家人相惜的心（否000111+家人101011）

成語易經：用卦名創造成語的智慧

8. 謙是公平　震是正反的波

豐謙相震：豐大是自大　與謙虛相震（謙001000+震100100）

9. 艮是隔絕　噬嗑是修錯

豐艮噬嗑：守限與放大彼此修正　豐大的心隔絕別人的修正

用豐大為惡時　它隔絕溝通且用刑欺良（艮001001+噬100101）

10. 蹇是阻隔　隨是跟隨

豐以蹇隨：豐大的心霸佔權位且阻擋跟隨

隨而豐蹇：長期的跟隨a會放大與b的高牆（蹇001010+隨100111）

11. 漸是演進　無妄是平常心

豐漸無妄：豐大是貪得無饜的自我　且漸失無妄的平常心

漸豐無妄：漸是水的暈染　豐是火的速進　兩者合成無常的水火　溫柔漸進與暴烈耀眼也是（漸001011+無妄100111）

12. 小過是細節　復是復原

豐復小過：崇高的豐大像哈伯望遠鏡　用望遠與放大來還原宇宙的細節

豐過相復：豐大與小過是相還原的力量（小過001100+復100000）

13. 旅是行遠　頤是循環的大圓

旅豐相頤：行遠讓人知道自己的渺小　與豐大相顛倒

豐旅得頤：豐卦與旅卦相綜　放大與行遠之旅　也是溯本求源對生態的了解（旅001101+頤100001）

14. 咸是感性　屯是盤旋

豐以咸屯：豐大的感性是更敏感更有靈性　也是更持久的悠悠盤旋　擴大覺知之路就是感性盤旋之路

屯以咸豐：生命用自旋體驗微感　體驗偉大（咸01110＋屯100010）

15. 遯是退隱　益是加值

豐以遯益：豐大而自私的心會遮蔽善良　只替自己放大　忘記替蒼生加值

豐遯相益：豐大與遮蔽彼此加值（遯001111＋益100011）

16. 師是作戰　大壯是攻取

豐師大壯：豐大是戰火連天　是服從的士兵與壯烈的征伐（師010000＋大壯111100）

17. 蒙是不清楚　大有是多元

豐蒙大有：豐大的佛法與蒙蔽的萬相組成佛學的大有

大有蒙豐：豐大被自己的強光遮蔽　像五色的廣告讓心誤導（蒙010001＋大有111101）

18. 坎是交錯　夬是啟動

豐以夬坎：豐大的心在多維間快速跳躍　像天眞的小孩　但也生成別人多維的障礙

豐夬相坎：豐大增加了內部的空虛　與夬的精實相坎

天地的啟源除了夬的爆炸　造就了豐的光旅　豐大中的時空與夬動的質能相坎（坎010010＋夬111110）

19. 渙是擴散　乾是抗逆

渙豐相乾：豐大是光的四射　渙是水的泛濫　兩者相抗逆（渙010011＋乾111111）

20. 解是解開　泰是交換

豐以解泰：豐大的自以爲是　是交換心的解散

豐大是生命的自燃　是生命盛大如煙火的自我解放

泰解而豐：恐龍的崩解造就了其它物種的欣欣自榮（解010100+泰111000）

21. 未濟是不足　大畜是大歷史

豐畜未濟：豐大的心不可一世　批判現在顛覆過去與未來

豐大也是火的生命　沒有燒盡的邊界　也沒有容不下的歷史（未濟010101+大畜111001）

22. 困是受困　需是相需

豐需為困：豐大是受困眾生的渴望　豐大的渴望也造成了心困

豐困相需：豐大羨慕困的界定　困羨慕豐的無邊　兩者相需（困010110+需111010）

23. 訟是相斥　小畜是突變與靈感

豐畜相訟：豐大的心看不起小畜的積小與突變　所以與小畜相訟（訟010111+小畜111011）

24. 升是升華　歸妹是歸一

升歸為豐：豐大是外相虛化的過程　也是從歸一到歸無的過程

豐大是大我的實現　是升華成佛與歸依善良（升011000+歸110100）

25. 蠱是挑戰　睽是分別

豐蠱相睽：豐大不喜歡挑戰　豐大像顯微鏡　可以增加耳目聰明（蠱011001+睽110101）

26. 井是通路　兌是對談

豐之井兌：豐大是通路的綿延　也在對談間不朽（井011010+兌110110）

27. 巽是鬆柔　履是敬慎

巽履為豐：鬆柔的心可延伸生命的韌性　敬慎的心則放大幸福的

選擇（巽011011＋履110111）

28. 恆是持久　臨是接近

豐臨恆等：持久是時間與存在的放大　接近則是立卽放大觀察的對象　放大與接近恆等（恆011100＋臨110000）

29. 鼎是創新　損是簡化

鼎損皆豐：創新可以增加豐大的光芒　簡化則放大眾生的接受度（鼎011101＋損110001）

30. 大過是不凡　節是分節

節過皆豐：豐大製造超凡入聖　也是分節後放大的靈活度　（大過011110＋節110010）

31. 姤是共生　中孚是相信

豐姤中孚：豐大是與神明共生的信仰　是兩性相孚後男性與女性生殖器的交合（姤011111＋中孚110011）

45. 相映與成雙（離=101101）

大哉相映

成雙的世界比孤單更美一萬倍

細胞分裂是由一分二　是自我複製

日與月是日夜的繼明　是天體的相映

花草樹木映照了大地　是景色的相映

美人照鏡　鏡裡鏡外是虛與實的相映

寫詩時的對句與押韻　是詩意與韻的相映　都是離卦的能量

1. 剝是剝壞　豐是放大

　豐剝相離：豐是自戀與放大的1　剝是僅存的1　豐與剝組成相映
　的2　從此窗裡窗外兩個世界相映

剝盡而生　豐大而進　離映而續　三卦都在說時空的再續之流
（剝000001+豐101100）

2. 比是連比　同人是化同

離比同人：離映與連比對比相化同　都是尋找2的努力　也是萬物
的將心比心（比000010+同人101111）

3. 觀是觀想　革是革變

革觀成離：觀想經過革變後作前後的對照也能成雙　所以革變製
造了觀想的成雙（觀000011+革101110）

4. 豫是順動與誤差　賁是美化與定形

賁豫相離：在美的世界　定形與誤差巧妙成雙　求美的邊界與求
自由的心也相映成雙（豫000100+賁101001）

5. 晉是唯一的標準　明夷是藏眞

晉夷相離：虛實世界用眞理與謊言成雙　標準與無知成雙（晉
000101+明夷101000）

6. 萃是結晶　家人是組合美麗

萃家相離：在化學的世界　元素是萃　與家人的化合物成雙（萃
000110+家人101011）

7. 否是否定　既濟是滿足

否濟相離：心用拒絕更多來與心滿意足成雙（否000111+既濟
101010）

8. 謙是公平　噬嗑是修錯

謙噬相離：待人的方法　謙恭與修錯成雙（謙001000+噬
100101）

9. 艮是孤獨　震是正反的波

艮震相離：相安的孤獨與不停止的震鳴成雙（艮001001+震

100100）

10. 蹇是阻隔　無妄是平常心
蹇妄相離：大河當前　知難而止的河民與無畏而渡的英雄相映
（蹇001010+無妄100111）

11. 漸是演進　隨是跟隨
漸隨相離：成雙不是由1變2　還要心心相映　在智慧的大道漸是
進取的先知　與相隨的教友也心心相映（漸001011+隨100110）

12. 小過是細節　頤是最大的循環圈
過頤相離：細節是在車軸邊的每天　頤是最遠的車輪　車軸的一
分可能是車輪上的一尺
車軸上的每天與車輪上的世紀也相映（小過001100+頤100001）

13. 旅是行遠　復是復原
旅復相離：行遠的心與回家的心也相映（旅001101+復100000）

14. 咸是感性　益是幫忙
咸益相離：感性感恩的心與天使幫忙的心也相映（咸001110+益
100011）

15. 遯是退隱　屯是盤旋
遯屯相離：退隱的心遠離阻力與危險　盤旋的心前往阻力與危險
退隱與盤旋相映
書法的盤旋與留白構成美麗的相映（遯001111+屯100010）

16. 師是練兵　大有是多元求異
師離大有：練兵的化一與廣納多元也相映（師010000+大有
111101）

17. 蒙是模糊　大壯是攻取
蒙壯相離：對小事馬馬虎虎與對大事正氣凜然也相映（蒙

010001+大壯111100）

18. 坎是交錯與換維　乾是抗逆

坎乾相離：換維是垂直思考的心　抗逆是相逆的心　相映是在鏡面內外的平行思考

垂直交錯的逆操作是平行與並列　是相映（坎010010+乾111111）

19. 渙是擴散　夬是密集的快

渙夬相離：擴散的傷心與密集的快感相映（渙010011+夬111110）

20. 解是解開　大畜是大歷史

解畜相離：解憂的酒與司馬遷的筆相映（解010100+大畜111001）

21. 未濟是不足與再續　泰是旺盛的交換

泰離未濟：寄託未來與把握當下相映（未濟010101+泰111000）

22. 困是圍困　小畜是積小突變

小畜離困：安困是人類活在小小的地球上　突變是心智靈感與天使相會　兩者相映（困010110+小畜111011）

23. 訟是相斥　需是相需

需訟相離：相訟與相需的心相映（訟010111+需111010）

24. 升是升華　睽是分別

升睽相離：浪漫與計較的心相映（升011000+睽110101）。

25. 蠱是挑戰　歸妹是歸屬

蠱歸相離：挑戰與歸屬的心相映（蠱011001+歸妹110100）

26. 井是分享通路　履是避險的擇路

井履相離：無差別的分享與避險的抉擇相映（井011010+履

110111）

27. 巽是寬鬆與包容　兌是對談與精確的碎形

　　巽兌相離：巽是風中的炊煙　與無限重複的碎形相映（巽
　　011011+兌110110）

28. 恆是持久　損是簡化

　　恆損相離：守恆的常數與求空無的簡損相映（恆011100+損
　　110001）

29. 鼎是創新　臨是接近

　　鼎臨相離：鼎高創意與臨低實踐相映（鼎011101+臨110000）

30. 大過是不凡　中孚是相信

　　過離中孚：不凡之心與平凡之信相映（大過011110+中孚
　　110011）

31. 逅是共生　節是分節

　　逅節相離：共生之馴合與守節之甘美　讓心在相映中永不孤單
　　（逅011111+節110010）

46. 改革與除舊（革＝101110）

時間前一秒消失才有後一秒復現　時間是永恆的自我改革者

物體運動時　空間的前後也相革

運動或旅行就是空間的迎新與除舊

心思的移動也是　緣分的生滅也是　除舊是迎新的前題

改變是不變的唯一　都是革卦的能量

1. 剝是剝壞　同人是化同

   剝同為革：時間在剝壞中除舊　除舊同後又生出迎新　就是改革

   革剝同人：空間在剝壞中變形　變形化同剝壞（剝000001+同人

   101111）

2. 比是連比　豐是放大

比豐相革：心用比連求取盟友　用誇大表現自我　放大小我與結
盟大我相革（比000010+豐101100）

3. 觀是觀想　離是相映
觀之離革：觀想世界的念念在相映與相革中演進
革觀生離：舊念不去新念不出（觀000011+離101101）

4. 豫是好動與自由　既濟是滿足
革濟生豫：改革是丟掉舊的滿足　迎接新的不滿
也是丟掉小小的滿足　迎接自由好動的心　好動的心喜新厭舊
（豫000100+既濟101010）

5. 晉是唯一的太陽　家人是組合的美麗
晉家生革：太陽是舊的　但每天的朝陽是新的　家人是舊的　但
每天的相處是新的
新舊相革是每天的新聞與家人（晉000101+家人101011）

6. 萃是結晶　明夷是藏明
萃夷有革：一樣的市場不一樣的攤販　一樣的祕密不一樣的謊言
革之萃夷：改革是製造不一樣的心　是心在群聚與藏真時的變形
（萃000110+明夷101000）

7. 否是否定　賁是定形
革之否賁：心也用否定來除舊　用定形來迎新　改革的心看懂否
也是定　定也是否（否000111+賁101001）

8. 謙是兼顧彼此　隨是跟隨
謙隨相革：謙虛的人走進群眾而改變高傲　而跟隨的人因信神而
改變自卑　心在謙低與隨高間相革（謙001000+隨100110）

9. 艮是相安　無妄是無畏於無常
艮妄相革：保守的人相安在無爭的界線內　無畏的人勇往無常的

未來　保守與無畏相革（艮001001+無妄100111）

10. 蹇是保護　震是相震與共鳴

蹇震相革：生命需要層層的盾來保護　也需要不時高歌來往和鳴

防護與溝通的需求相革（蹇001010+震100100）

11. 漸是演化　噬嗑是修錯

漸噬相革：向外演化是生命存續的方向　向內修錯是生命健全的

日常　外漸與內噬相革（漸001011+噬100101）

12. 小過是細節中的人生　屯是險阻中的盤旋

屯過相革：人生買賣過了人情還在（飛鳥遺之音）　或者買賣不

成敬意更濃（女子貞不字，十年乃字）

糾纏的每天與盤桓的等待相革（小過001100+屯100010）

13. 旅是行遠　益是加值

革之旅益：行旅的緣份只擦肩而過　加值與感恩的人生則一生不

棄不離　行旅一時與相助一生的心相革（旅001101+益100011）

14. 咸是感性　復是復原

咸復相革：心在感動中變形　而在休息後還原　但還原是變形後

的再變形　所以感動的心與還原的心相革

復咸以革：革變是不斷微分中的世界　是用梯度來看世界的觀察

（咸001110+復100000）

15. 遯是退隱　頤是循環

遯頤相革：個別的生命用退後收割　用隱藏保全　而更大的生命

用循環相養　大養的輪轉與小養的退隱相革

頤遯為革：輪轉的進與退也相革　養與被養的關係也相革　萬物

相革　可遯可頤（遯001111+頤100001）

16. 師是作戰　夬是開啟

大革師夬：人間的大革是改朝換代　這是用兵打仗與革命開元的大事

師夬相革：師是一貫的服從　夬是啟動的元祖　兩卦相革（師010000+夬111110）

17. 蒙是模糊與扭曲　乾是抗逆

蒙革相乾：模糊有蒙朧的美感　是對改革的善惡鬥爭的抗逆

扭曲是經過透鏡後的世界　改革是用變形校正扭曲的世界（蒙010001+乾111111）

18. 坎是相交錯　大壯是攻取

革以壯坎：改革是對交坎的進攻

革壯相坎：內革與外攻相坎

革之坎壯：改革也是對征戰的迴避　用垂直思考取代理直氣壯

用雙贏的條件走容易的路（坎010010+大壯111100）

19. 渙是擴散　大有是多元

革之渙有：改革要用海闊天空的大　與百花齊放的多

革以渙有：改革可以擴大不同　也可渙散雜多（渙010011+大有111101）

20. 解是解開　需是相需

解需相革：改革可以解開慾望的吸引　也用相需改變崩解的關係（解010100+需111010）

21. 未濟是再續的未來　小畜是積小突變

未濟革畜：最遠的理想與最小的確幸相革

革之未畜：改革的心住著不滿與靈感兩位兄弟（未濟010101+小畜111011）

22. 困是受困　泰是旺盛的生意

革困爲泰：心常在困境中練習改革　進而發現破困的生機

困泰相革：困是革的溫床　泰是革的天堂　困泰互相改變（困010110+泰111000）

23. 訟是矛盾　大畜是大歷史

訟革大畜：改革在矛盾中輕快變形　進而收藏萬變的人性

革畜相訟：記憶製造存在　與革變的消滅存在相訟（訟010111+大畜111001）

24. 升是升華　兌是心智的碎形

革兌而升：改革是在碎形的邊緣不停地對談　進而找到穿梭虛實的魔法（升011000+兌110110）

25. 蠱是挑戰　履是擇路

蠱革而履：改革是挑戰傳承　唸著師父的經書　進而走出了自己的禪意（蠱011001+履110111）

26. 井是通路　歸妹是歸屬

革井歸妹：改革是用舊的通路找到新的歸屬　也是離開家鄉的井前往遠方的未來（井011010+歸妹110100）

27. 巽是寬鬆　睽是分別

巽革而睽：改革是遠離寬鬆與雜亂　開始一絲不苟的辨明

從天南地北瞎胡扯的嘴　變成透視千里的眼（巽011011+睽110101）

28. 恆是持久　節是分節

革恆爲節：萬物喜歡節奏之美　譬如把一年折成四季　就是變形後的永恆

恆節相革：革是用舊的恆久編出新的節律　用舊的節氣活出新的長久（恆011100+節110010）

成語易經：用卦名創造成語的智慧

29. 鼎是創新　中孚是相信

鼎革中孚：除舊與創新是相綜的能量　文明喜歡新舊變形　迎新
與除舊正是心意相通的孿生兄弟（鼎011101+中孚110011）

30. 大過是不凡　臨是接近

革過成臨：改革是心在一飛沖天時變龍　在反省自己時變馬

過而臨革：改命的人生是在坐上龍椅前先把自己變成龍

過臨相革：改革是不凡的超越也是緊密的接近　是用極端來靠
近英雄的本命　用靠近來發現自己空前絕後（大過011110+臨
110000）

31. 逅是遇合與共生　損是簡化

革以逅損：改革的目的是最簡的自己　是與神的共生

逅而損革：當明天的天使與我相遇　我知道我將再簡化變形
舊的我將光榮消滅　心復歸最初的簡單空無

改革求損與簡　也求完美的相逅（逅011111+損110001）

47. 化同天地（同人＝101111）

心在異同中成長

不變則同　變則不同

變會出現　也很快消失

因為認同的心會越過事物表淺的不同　找到最微細深刻的相同

最後化同天地　這是同人卦的能量

1. 剝是剝壞　革是改變

   剝革同人：改變的剝壞就是化同　剝壞等同改變

   革剝同人：改變自己的最後到達是化同天地

   革以同剝：改變是求異的過程　結果卻是化同大道（剝000001+
   革101110）

2. 比是連比　離是相映

同人比離：認同心從連比類比開始練習　在看出萬物成雙成對時成熟（比000010+離101101）

3. 觀是觀想　豐是放大

同人豐觀：認同之旅是放大的自我觀想

觀豐同人：更遠的觀想把自我的疆域無限放大　就是化同天地（觀000011+豐101100）

4. 豫是自由順動與誤差　家人是組合完美

同人豫家：認同的祕訣在包容誤差　把各種偏差收納爲家人來相惜

同人家豫：化同天地是家人之同的更自由開放

豫家同人：在概率學中任意配對與排列組合是等同的概念

豫家同人：在流體力學中集體順流與完美漩渦是等方程式

家人同豫：完美組合的力學是元素間的最順動　最歡樂　最自由

家人同豫：完美故事等同於發現最自由的心靈（豫000100+家人101011）

5. 晉是衆生之知與標準　既濟是滿足

晉同既濟：標準等同調和後的滿意

同人晉濟：認同需要知與足　先認知再適足

晉濟同人：先知後足是對人生最後的認同（晉000101+既濟101010）

6. 萃是結晶　賁是美化與定形

萃乃同賁：結晶的定位過程與美化的定形等同

同人萃賁：認同的心可以聚寶　可以說故事　並且看透聚物與說事的等質（萃000110+賁101001）

7. 否是否定　明夷是藏眞

夷否同人：說謊與拒絕等同　隱藏了否定就是化同

同人夷否：化同的心看透拒絕的舌隱藏著贊成的心

否夷同春：嚴冬深藏的孢子等同新春綻放的綠芽（否000111＋明夷101000）

8. 謙是謙虛　無妄是無畏與平常心

謙妄同人：謙虛的心化同眾生　無妄的心化同天意

而忘私化同無畏　平均值是化同後的亂數

謙是把眾生提升到我的高度　無妄是把天復原到地的水平　揚地的謙等同抑天的無妄（謙001000＋無妄100111）

9. 艮是獨立的高山　隨是跟隨

艮隨同人：隔絕等同跟隨　隔絕了惡等同跟隨了善

高山靜佇的同時也綿延相隨成脈　隔離的整數也有大小的排列秩序（艮001001＋隨100110）

10. 蹇是防護　噬嗑是咬合

蹇噬同人：動物的皮甲與咬合的牙構造相差遙遠　在防護個體周全的功能上卻一致（蹇001010＋噬100101）

11. 漸是演進　震是相震

漸震同人：有一種溫柔的轉化來回於安定與冒險　有一種波韻來回於心的兩端　像漣漪緩進與盪漾化同了彼此

震同為漸：震的不安與波盪　與化同是相反的能量　而漸是慢慢地轉化　正是相反與相同的互變

漸卦震卦與同人　三者說明了化同與化異間微妙的氣韻（漸001011＋震100100）

12. 小過是糾纏的現在　益是無限的加值

小過同益：無限的過去與未來在剎那的現在糾纏與加值

神幫現在無限加值了未來與過去

神說宇宙有兩個　無窮剎那中的剎那化同了無窮未來的未來（小過001100+益100011）

13. 旅是行遠　屯是盤旋或自旋

旅屯同人：身旅穿梭在美景之間是盤旋　心旅漫遊在知識之海是自旋

水的旅行是盤旋　從蜿蜒的河到大海到雲天　到我們的嘴邊與血液

行旅的萬物化同了水的自我盤旋（旅001101+屯100010）

14. 咸是感性　頤是循環的生態

咸頤同人：咸用覺知養感動　頤用相養建構生態鏈　兩者化同

感微的生命的顛倒就是化同天地的大頤

咸同相頤：咸是發覺訊號　同人是化同訊號　頤是相顛倒　顛倒了覺知就是化同　顛倒了化同就是覺知

色卽是空是顛倒也是化同　五蘊是咸　五蘊的消失也是咸

咸頤同人三卦解釋了般若波羅蜜多心經的大要（咸001110+頤100001）

15. 遯是退隱　復是復原

遯復同人：人生用退後來收割豐富　也用休息還原初心　退隱與復原在保全人生上同功

同人遯復：化同是不斷地逃離不同　也是還原了退逃的最初（遯001111+復100000）

16. 師是作戰訓練　乾是抗逆

師乾同人：戰鬥需要一生的訓練　訓練比自己更強　抗逆的意志是人定勝天的戰鬥　乾與師化同

同人師乾：練兵是化同士兵的紀律　抗逆是化同天與我的不同
（師010000+乾111111）

17. 蒙是模糊　夬是啟動

蒙夬同人：宇宙啟始於夬的大爆炸　而心的宇宙啟始於蒙的問與
答　蒙是啟動心智的金鑰　蒙與夬彼此化同
（蒙010001+夬111110）

18. 坎是交錯　大有是多元

坎同大有：心用垂直思考進入多維的運算　而用廣容異類享有多
元的人生　多維與多元相同
多元與化同彼此交錯垂直　多元排斥平行　所以化同交錯與垂直
（坎010010+大有111101）

19. 渙是擴散　大壯是攻取

渙同大壯：疫情是病毒用渙的擴散　兵災是野心家用壯征伐　渙
與大壯化同
化同有強大的攻擊面　病毒與征服者都在執行化同與統一別人的
工作（渙010011+大壯111100）

20. 解是解開　小畜是積與變

解同小畜：冰在溶點化解成水　烏雲在積多後降雨　心常用靈感
解開難題　解化同小畜
同解小畜：化同是數學的（＝）號　可以用來解題　也可以延展心
思的靈變（解010100+小畜111011）

21. 未濟是不足　需是相需

需同未濟：心在不滿足時學習慾求的力量　也在慾求出現後學習
不滿足的崇高　未濟化同需
同以需未：分享共有的不足與缺需是最強大的化同力（未濟

010101+需111010）

22. 困是圍困　大畜是大集合

困同大畜：知困的心樂活著有限的邊界　知大畜的心收集了人類的過去　知困的心藏著大富的法門　困與大畜化同

同困大畜：共享相同的界困與記憶是化同彼此的大能量（困010110+大畜111001）

23. 訟是相斥　泰是相榮

訟泰同人：爭執與矛盾教育我們的智慧　執行著生命的磨擦　而磨擦可以生熱　訟爭與相榮相同

同訟而泰：化同彼此的矛盾可以共享榮泰的大能量（訟010111+泰111000）

24. 升是升華　履是擇路

升履同人：往上求更高智慧或權位　往前求安存於命運　升高而棄低化同履安而棄險

同以升履：共享一樣的升虛與履安　幻想與道路　是化同彼此的大能量（升011000+履110111）

25. 蠱是淘汰的賽局　兌是對談的人生

蠱兌同人：人生在擂台上戰鬥求勝　在談判桌上說理求和　求勝可以止戰　說理可以息爭　故同人

同以蠱兌：共享相同的戰鬥與議題可以化同彼此（蠱011001+兌110110）

26. 井是通路　睽是分別

井以同睽：掘井可以通深得明　睽辨可以去蒙導盲　用通路與用眼來獲取資訊一樣重要　相通不是相同　是對立的化同

同以井睽：共享相同的通路與耳目可以化同彼此的心思（井

011010+睽110101）

27. 巽是鬆與寬　歸妹是歸屬

　　巽歸同人：巽是太極拳練鬆柔　而心在鬆柔中狂想　歸妹是放開緊握的手能讓球遠投　讓心鬆柔與放開緊握的手同人

　　同以巽歸：共享相同的寬容與歸屬可以化同彼此（巽011011+歸妹110100）

28. 恆是持久　中孚是相信

　　同恆中孚：心用長久品嘗誠信　也用誠信接近長久

　　心與心的連結往往在透明中長久　在長久中透明

　　同以恆孚：共享相同的時光與信仰可以化同彼此（恆011100+中孚110011）

29. 鼎是創新　節是分節

　　鼎節同人：加高的創意與轉折的情節同人　都能製造感動的新意與節奏

　　同以鼎節：共享相同的創意與節點可以化同彼此（鼎011101+節110010）

30. 大過是不凡　損是簡化

　　損同大過：不凡讓人超越了平凡　簡化讓人超越了困難　不凡的心往往懂得簡單就是不凡

　　同以損過：化同是對超越的減損（大過011110+損110001）

31. 逅是共生　臨是接近

　　逅臨同人：共生在彼此的縫隙中　或登臨自己的舞台　都是成王成后的實踐

　　同以逅臨：化同是共生的緣與相近的舞台（逅011111+臨110000）

48. 大臨天地（臨=110000）

大臨是身心最親近的到臨
用零距離的現在放空過去未來
讓心至簡至性至厚的活在當下
也是登上舞台盡情表演　發光發熱　感動眾生
是向深心與靈魂的極力接近　是最厚實地行動

1. 剝是剝壞　損是簡化
　損剝為臨：大臨是放聲歌唱直到筋疲力盡　不斷輸出自己直到放

空　也是不斷剝開偽裝直到本我出現（剝000001+損110001）

2. 比是連比　節是分節

比節相臨：與朋友比連可以親近天下　幫生活分節可以親近自己
比節的能量相臨近

比節臨豐：比而多友　節而多章　故可臨豐富的日常（比
000010+節110010）

3. 觀是觀想　中孚是相信

大臨觀孚：要大臨天地需要觀至遠與信至誠　以遠求近　以信求
無間即是大臨（觀000011+中孚110011）

4. 豫是順動　歸妹是歸向未來

大臨豫歸：順動則心無禁錮　心歸則放開牽掛　以豫臨歡笑　以
歸妹臨四邦（豫000100+歸妹110100）

5. 晉是巨星般的亮點　睽是分別

晉以睽臨：睽則不臨　是高高在上的太陽　遠離了眾生

晉臨相睽：臨是走入人群　與晉明相分別（晉000101+睽
110101）

6. 萃是結晶與類聚　兌是對談

萃兌大臨：結晶是自我沉澱的臨　對談是接近共識的臨　大臨是
變成最密的結晶與最透明的交心（萃000110+兌110110）

7. 否是否定　履是擇路

臨否為履：否境的臨是接近虎口　履險也

大臨否履：大臨不再小心選擇　而是盡情登台表演　不管別人的
拒絕也要履命的熱情

大臨不履：靠近自己　靠近神　不用選擇

不臨履否：不近本心　彷彿替別人在選擇　是傀儡般遠離自己的

人生（否000111＋履110111）

8. 謙是謙虛　泰是交換

謙虛的人先臨眾憂　後臨己樂　泰旺的生意先臨獨門　後臨眾順

謙泰臨眾：謙泰都可臨眾　也彼此相臨（謙001000＋泰111000）

9. 艮是獨立與相安　大畜是大富

艮臨大畜：絕對的隔絕帶來絕對的大富　隔絕是大富的實踐（艮001001＋大畜111001）

10. 蹇是保護　需是相需

蹇需相臨：至愛需要至蹇的保護　至蹇與至需相臨（蹇001010＋需111010）

11. 漸是演進　小畜是積變

漸是溫柔的臨　小畜是由小漸大的臨

小畜漸臨：循序漸進的突變是萬物求生存的大臨（漸001011＋小畜111011）

12. 小過是細節　大壯是攻取

臨之過壯：大臨是將軍臨陣殺敵　用的就是小過的細算與大壯的正氣義理（小過001100＋大壯111100）

13. 旅是行遠　大有是多元

有旅為臨：生命用旅遠來近明　來臨近寸心　用收容異己來大臨多元的世界　旅遠是多元的實踐（旅001101＋大有111101）

14. 咸是感性　夬是啟動

咸夬相臨：咸可臨極微細之變　夬可臨時空之初始　咸與夬相臨於剎那（咸001110＋夬111110）

15. 遯是退隱　乾是抗逆

乾以臨遯：飛龍臨天　潛龍臨深　強而能自退　真英雄也　可大

臨天地　以其莫測高深也（遯001111+乾111111）

16. 師是練兵　復是復原

師善復臨：善兵者善養其息　善復其力　故善臨其勝（師010000+復100000）

17. 蒙是模糊　頤是生態的循環

蒙頤相臨：蒙是相問答　頤是相養　都是最相臨的循環　頤至大而不可見　蒙至濁而不可清　故相臨

臨蒙相頤：臨是現身讓人看清楚　與蒙相顛倒（蒙010001+頤100001）

18. 坎是交錯　屯是盤旋

坎屯相臨：坎交者臨交而不亂　屯旋者臨阻而自盤桓　坎而用維屯而用旋　故相臨於險阻

臨屯相坎：接近實地與盤旋天際相坎（坎010010+屯100010）

19. 渙加時空　益加恩助

渙益相臨：渙得群　益大作　故相臨於加法（渙010011+益100011）

20. 解是解開　震是相震　以牙還牙也

解臨相震：煩惱常在解脫與相臨間來回往返

解震相臨：報仇的報仇就是解仇　所以解震相臨（解010100+震100100）

21. 未濟用不滿足製造永續的明天　噬嗑用挑剔改善今天的完美

臨之噬未：要大臨天地　就要無止境地修正今天期待明天（未濟010101+噬100101）

22. 困是守困　隨是相隨

困隨相臨：守困知困就是與神相隨　守善常樂　能臨良知隨神明

（困010110＋隨100110）

23. 訟是矛盾　無妄是無常

大臨訟妄：大臨天地用兩寶　一是忘訟　二是無妄（訟010111＋無妄100111）

24. 升是升華　明夷是藏秘

大臨升夷：大臨不是用有限的智慧接近　而是用信仰與深藏的約定

升以臨夷：升華不是遠離　是接近隱藏的自己

夷以臨升：藏祕不是欺騙　是遠離俗明接近真理（升011000＋明夷101000）

25. 蠱是挑戰　賁是美化

臨以蠱賁：大臨要與自己比賽　挑戰自己與美化自己相臨（蠱011001＋賁101001）

26. 井是通路　既濟是滿足

臨井既濟：大臨是把自己變成眾生的通路　要用最滿意的自己來井養蒼生（井011010＋既濟101010）

27. 巽是寬鬆　家人是組合完美

臨以巽家：大臨是用最鬆軟的心延伸愛　用家人的心相惜天地萬物（巽011011＋家人101011）

28. 恆是持久　豐是放大

大臨恆豐：大臨的心兼有恆久與豐亮　放大的效果等同親近與延長（恆011100＋豐101100）

29. 鼎是創新　離是相映

大臨鼎離：大臨是開創文明的高度　也是複製創新來接近文明的主流（鼎011101＋離101101）

30. 大過是不凡　革是革變

　　臨革大過：大臨是接近不凡的自己　也是願意自我革變的心（大過011110+革101110）

31. 姤是共生遇合　同人是化同

　　大臨同姤：大臨是把人生每一次的遇合　都看成與天使僅有的相遇　是與天地萬物最親密的共生（姤011111+同人101111）

49. 損道至簡（損=110001）

老子道德經說　爲道日損

損之又損　乃至於無

所以損道是至簡的大道　也是減法的心法　化簡萬物的人生

因爲化簡　所以遠離困難

1. 剝是剝壞　臨是實踐與登上舞台

    損之剝臨：損道是用剝而回歸空無的實踐　一種提前近臨剝境的
    努力

    臨剝求損：是把舞台讓出來　讓別人登上舞台（剝000001+臨
    110000）

2. 觀是觀想　節是縮節

　　損之節觀：損是縮節的時空　也是簡化與歸無的觀想

　　觀節得損：觀想常在節奏與情節中找到簡化的道理（觀000011+
　　節110010）

3. 比是連比　中孚是相信

　　損比中孚：心用連比來認知萬物　而至簡的認知是同心的相信

　　損孚為比：至簡的相信是相親比的心（比000010+中孚110011）

4. 豫是鬆動的螺絲　睽是分別的眼睛

　　豫睽相損：損是用鬆動的豫來弱化歧視的心　也是用明察的睽來
　　減少誤差與鬆動（豫000100+睽110101）

5. 晉是如太陽的名聲　歸妹是歸屬

　　晉歸有損：晉是損暗投明　歸妹損不捨而歸遠方　損功名而歸己
　　命　損己歸而得眾明（晉000101+歸妹110100）

6. 萃是結晶　履是擇路

　　萃履相損：損獨履可聚多於晶萃　損萃規而擇履天命

　　萃以損履：萃聚簡化了獨行　履以損萃：履命簡化了精萃

　　損萃得履：損的割捨與萃的整理造就了獨行的大道（萃000110+
　　履110111）

7. 否是否定　兌是對談

　　否兌為損：損是對談中是最簡的共識　最簡的共識是沒有共識
　　而至簡的沒有共識是相對無言（否000111+兌110110）

8. 謙是謙虛　大畜是大富

　　謙畜有損：謙虛的人損己益人　積富的人損各種浪費的習慣　損
　　道是謙虛的大富之道

　　損謙大畜：損得無　謙成公　故可大畜天下　損一人而富天下

成語易經：用卦名創造成語的智慧

損一念而大德成（謙001000+大畜111001）

9. 艮是相安　泰是交換熱烈

艮泰相損：相安減損了泰旺　泰旺減損了相安　但是安於艮卻是最簡的健泰

損以艮泰：守分的人損貪婪與躁進　健泰的人損怠惰與冷漠　損道是相安的健泰（艮001001+泰111000）

10. 蹇是阻隔　小畜是積變

損蹇小畜：聖人用天險來損外敵　用最小的積畜來損不勞而獲的幻想　損道是在大蹇下的積小幸（蹇001010+小畜111011）

11. 漸是演進　需是相需

損以漸需：損道是用漸少的滿足來簡化慾求　用漸少的需要來簡化演進

漸損爲需：漸停的暈染與相需的吸力造成水墨畫中力與形的轉化與平衡（漸001011+需111010）

12. 小過是細節　大有是多元

損道過有：損道用更多的細節來損空洞　用更多的品類來損專制壟斷　損道是最小的經過與最大的容納（小過001100+大有111101）

13. 旅是行遠　大壯是攻取

損道旅壯：損道用最遠的旅行來損孤陋寡聞　用最壯大的正氣來損不公不義　損道是心正與輕旅的日常（旅001101+大壯111100）

14. 咸是感性　乾是抗逆

損咸爲乾：至剛的用損是心經的五蘊皆空　無眼耳鼻舌身意　損道是滅了我執與感微的心（咸001110+乾111111）

15. 遯是退逃　夬是啟動

　　損道遯夬：用損之道千變萬化　退者損其爭　快者損其驕

　　而至快者勝其隱　至隱者勝其速

　　損遯則夬　損夬則遯　像可開可關的心念（遯001111＋夬

　　111110）

16. 師是練兵　頤是相養

　　師頤善損：善兵者損其孤弱　善養者損其獨霸

　　更善養者善損爭戰之傷　更善戰者善損食養之重（師010000＋頤

　　100001）

17. 蒙是模糊　復是復原

　　蒙復善損：用蒙者損其偽真　用復者損其迷戀

　　更善用蒙者簡化了復原　更善用復者簡化了心蒙　損道無常問亦

　　無常復（蒙010001＋復100000）

18. 坎是交錯　益是加值

　　損益交坎：而損益交坎　用損者知其益　用益者知其損

　　人生用損求益　簡化自己造福人群　天使之心也（坎010010＋益

　　100011）

19. 渙是擴散　屯是盤旋

　　損道至簡　而至簡之境美不勝收

　　損渙為屯：心痛者求渙　用時空稀釋苦痛　而至簡之渙用屯　讓

　　痛與喜樂在心中相旋

　　損道渙屯：用損於情的雙方　與夜共夢　與夢共歲　相旋相屯

　　久而共渙於純真（渙010011＋屯100010）

20. 解是解開　噬嗑是修錯與用刑

　　損以解噬：至簡之噬用解　用原諒解怨也（解010100＋噬

成語易經：用卦名創造成語的智慧

100101）

21. 未濟是修道之人持戒守律　以缺修心也　震是相震

損震未濟：而損道與守缺產生震韻

身缺則心足　心缺則靈盈　靈缺則道光　道缺則同塵　用損與用缺　餘韻不絕

損缺相震：損則至簡　簡則不缺　缺則不簡　不簡則不損　故不缺與缺相震（未濟010101+震100100）

22. 困是安於界內　無妄是勇於行往

損道困妄：而安困之至簡勇於無妄　以有常之心面對無常之命

損無困妄：用損之道內困無悶　外妄無懼（困010110+無妄100111）

23. 訟是爭訟之人對簿公堂　隨是相隨之人信奉不疑

損訟爲隨：而爭訟之至簡即相隨　初隨是非　終隨自命（訟010111+隨100110）

24. 升是升華之心止於至美　賁是求美之心止於至簡

損道升賁：損道是升而至美至簡之道（升011000+賁101001）

25. 蠱是治亂之心　明夷是藏明

損以夷蠱：損道是守住祕密可以止息一切蠱亂

蠱以損夷：淘汰弱心　可以止息一切偽裝（蠱011001+明夷101000）

26. 井是人生處處是通路　家人是組合美麗

井家相損：通井之心養天下人（井收勿幕）　而至簡之井是照顧好家人　至簡之家人是一口井（井011010+家人101011）

27. 巽是寬大　既濟是滿足

巽損既濟：幸福在求既濟的無缺　最簡的既濟是鬆柔寬大的心

而至簡的寬鬆是常感幸福的心（巽011011＋既濟101010）

28. 恆是持久　離是相映與複製

　　損恆為離：而至簡之恆為生生不息的離　至簡之損與至久之恆相

　　映

　　損離恆等：損半是由1成1/2　恆等離的由1分2　都是愛情的最強

　　者（恆011100＋離101101）

29. 鼎是創新　豐是放大

　　損鼎為豐：至簡之鼎高是放大的想像力（鼎011101＋豐101100）

30. 大過是不凡　同人是化同

　　損同大過：至簡的不凡是化同平凡　簡化了平凡的同就是不同的

　　不凡（大過011110＋同人101111）

31. 姤是共生　革是革變

　　損革為姤：至簡的革命是與萬物共生共命

　　損姤為革：而至簡的共命是輕快地改變自己（姤011111＋革

　　101110）

50. 節中有節（節=110010）

節是分節　是段落　是節氣的四季

是節韻　是章節　是關節

人生是一節很長的課

有它的終點　更有它綿延的歲月　這種又斷又續

縮小長度的美好組合　就是節卦的能量

1. 剝是剝壞與結局　中孚是相信與同心

　　節以剝孚：節點是斷點　是連續的剝壞　但節點產生了轉折　又

是更進階的連續

中孚剝節：相信是把許多不連續的心串連成互信的心　相信的天地有很多章節　既連貫又轉折

剝節相孚：結局與節點在段落與過程中同心（剝000001+中孚110011）

2. 比是相連結的歲月　臨是相接近的日子

節以臨比：節氣中的歲月由短而長　由近而遠　是有分段又有連結的日子

節有比臨：節韻是又斷又續的心情　有最遠的連比與最貼近的感受

臨比成節：臨是縮短自己與心的距離　比是連結最遠的宇宙　節是用縮短來致遠（比000010+臨110000）

3. 觀是觀想　損是簡化

節乃損觀：節奏無所不在　一念一覺的生滅是心最簡的觀想　有了生滅斷續就有了節奏

節奏是求簡的觀遠　觀想的簡化

觀損有節：最遠的觀想要靠最簡單的心靈　就是有節的心靈（觀000011+損110001）

4. 豫是順動　兌是對談

節乃豫兌：節奏是一個人自由的哼唱　也是兩個人精妙的對唱

節以兌豫：節點提供了連續與轉折　連續是兌　轉折是豫　兌是精確　豫是輕快（豫000100+兌110110）

5. 晉是晉陽　履是履道

晉履有節：晉陽在天而陰晴有節　履道在地而曲直有節　有時照標準程序　有時照自由意志選擇　就是節度

 成語易經：用卦名創造成語的智慧

節以晉履：天地用節而有良辰吉時與峰回路轉

節是用智慧與標準來選擇人生的轉折與節點（晉000101+履110111）

6. 萃是類聚而得位　歸妹捨離而得進

節以歸萃：五穀萃於沃土　而落葉歸於秋冬　萃有其位　歸有其時　天地用節而四季分明　其歸有位（萃000110+歸妹110100）

7. 否爲逆境　睽是分別

節以睽否：否苦之時用節而甘　睽分之情用節而歌

人生用節而歌舞不衰　雖否不苦（否000111+睽110101）

8. 謙是謙虛　需是相需

謙者節需：謙虛的人節所其用而儉其需

謙節相需：均平無節韻　用節不能衆平　故兩者相缺需（謙001000+需111010）

9. 艮是相隔　小畜是積小突變

節艮小畜：節之大用可斷可續　可曲可直　可分可畜　化斷絕爲轉折　在相隔中多積突變（艮001001+小畜111011）

10. 蹇是阻斷　泰是熱鬧的交換

節以蹇泰：節慶是在阻斷的河邊熱鬧的市集

分節是在市集中巧妙分開的區塊（蹇001010+泰111000）

11. 漸是轉進　大畜是大歷史

節漸大畜：節中有節是內化的漸進與轉化　像考古學一樣一層層挖深　然後積成一本人類歷史（漸001011+大畜111001）

12. 小過是人生的每一天每一秒　夬是萬事的啟始

節夬小過：節是把夬始藏在小過的細節中　人生百歲　每一天都是一個節點　一個開始（小過001100+夬111110）

13. 旅是行遠　乾是抗逆是如詩如畫的能量

　　節旅為乾：用節是內化的旅行　像走馬燈或四季　轉著轉著　可以轉出歲月的如詩如畫（旅001101+乾111111）

14. 咸是感性與微分　大壯是生命的壯闊與攻取

　　節咸大壯：節是微分後的世界更壯闊　情節是感性的節點夾著理性的攻略　周而復始（咸001110+大壯111100）

15. 遯是隱退　大有是多元

　　節以遯有：眼睛的用節就是把眼簾閉上　把大千世界暫時隱藏起來

　　遯節大有：節是用退而進於大有　是用生滅的節奏讓大有世界美不勝收（遯001111+大有111101）

16. 師是作戰　屯是盤旋

　　師屯為節：人生是既戰又和的歲月　作戰時用律　和平是用屯備戰盤旋也

　　而戰與屯之間的用節就是旋律（師010000+屯100010）

17. 蒙是不斷的問與答　也是不斷的曲與直　益是加值

　　節以益蒙：節是不斷加值的曲與直

　　蒙以益節：蒙本身就是節韻天成　是加值的節中有節（蒙010001+益100011）

18. 坎是垂直相交的線　復是復原

　　復坎為節：兩線相交的原點就是節點　重復的坎點與節點是雙胞胎（坎010010+復100000）

19. 渙是擴散　頤是圓轉

　　以節頤渙：用節顛倒了擴散　用節的四季形成輪轉的圓　所以用節是一種圓轉中的擴散（渙010011+頤100001）

20. 解是解開　隨是跟隨

　　節兼解隨：用節是一種解開又相隨的設計（解010100+隨100110）

21. 未濟是不滿　無妄是平常心

　　未妄有節：用節是對未來的兩種心情　一下子妄想更多　一下子守缺守常

　　妄未有節：無妄無常是轉折的節點　未濟是連續不斷的本質（未濟010101+無妄100111）

22. 困是一個封閉的迴圈　震是來回的波動

　　困震為節：而節韻正是在迴圈內來回循環的波動　是一條有音韻的弦

　　困中有節　節中有震　震中有節　正是超弦理論的宇宙（困010110+震100100）

23. 訟是往外的張力　噬嗑是往內的咬合力

　　訟噬成節：一張一合產生了節韻（訟010111+噬100101）

24. 升是升華與求虛　既濟是滿足

　　升濟成節：升華與既足也形成韻的循環（升011000+既濟101010）

25. 家人是一本小說有諸多的章節　蠱是一種賽局有諸多的節目

　　節蠱家人：節目或章節是故事與賽局的交集（蠱011001+家人101011）

26. 井是通往真相的孔　明夷是藏著祕密的厚土

　　井夷成節：或通或藏間存在著節韻的關係（井011010+明夷101000）

27. 巽是鬆柔的風　賁是定形的畫

巽賁成節：時鬆時定也有美妙的節韻（巽011011＋賁101001）

28. 恆是持久　革是輕變

恆革成節：恆常不變與輕快改變之間也有節韻（恆011100＋革
101110）

29. 鼎求新　同人求同

鼎同有節：新與同的變化之間也有節韻（鼎011101＋同人
101111）

30. 大過是不凡　豐是放大

每個人心中都有偉大的理想　都曾經作過英雄的夢

節豐大過：細節是放大平凡後的不凡

節慶是不凡的人生放大了喜悅　是每年的生日快樂（大過
011110＋豐101100）

31. 姤是共生的我們　離是相映的你我

姤離成節：遇合與離映的你我之間產生了節韻

節乃姤離：節慶是喜相逢的共生　加上眾生的心心相映　是普天
同慶的新年（姤011111＋離101101）

51. 同心相擁（中孚=110011）

我們擁抱自己的心　心也擁抱我們

我們的心擁抱這個世界　這個世界也擁抱我們

同心相擁是我們與神的關係　也是萬物相需相敬的關係

是靈的相連　虛的不中斷　是誠信的一生　都是中孚卦的能量

1. 剝是終點　節是像心跳的節奏

   節剝中孚：馬拉松選手們用心跳擁抱同一個終點

   而終點的想望也擁抱每一個人的心跳　同心就是用心相擁　是終點與節點的相擁抱（剝000001+節110010）

2. 比是連比是領導　損是簡化

   損比中孚：最簡化的連比是誠信　最簡單的口號得到最堅強的相信

最簡單的領導是誠信的心（比000010＋損110001）

3. 觀是觀眾的生命　臨是表演者的生命

臨觀中孚：表演者的心擁抱著觀眾　觀眾的心也擁抱著表演者

他們同心擁抱著一個舞台　一個節目（觀000011＋臨110000）

4. 豫是誤差與容易犯錯的本性　履是敬慎選擇

中孚豫履：與神有信的人用容易輕快的心謹慎選擇命運的路

豫履中孚：當人們用誤差擁抱敬慎時　命運也用敬慎擁抱誤差

（豫000100＋履110111）

5. 晉是晉陽高掛　兌是知心相談

晉兌中孚：唯一的標準與討論後的共識同心相擁（晉000101＋兌

110110）

6. 萃是相聚　睽是分別

萃睽中孚：相聚與相分同心相擁　一如奈米的晶圓世界　最精細

的分辨可以製造最密集的相聚

萃孚相睽：靈性的相信無遠弗屆　萃的結晶至細至精　中孚與萃

相分別（萃000110＋睽110101）

7. 否是否定　歸妹是歸屬

否歸中孚：否定心與歸屬心全心相信　拒絕與歸依誠心相擁（否

000111＋歸妹110100）

8. 謙是謙虛　小畜是積小突變

謙畜中孚：謙用低平擁抱突變　突變也用積小擁抱平均值（謙

001000＋小畜111011）

9. 艮是相隔的皮膚　是絕嶺　需是相需的心　是相愛的雲

艮需中孚：絕情的外皮擁抱著相需的心　相愛的雲朵也擁抱著孤

高的絕嶺（艮001001＋需111010）

10. 蹇是一條大河隔開兩岸的人們　大畜是一朵雲集合了大數據

　　蹇畜中孚：中孚是兩岸的人們也用大數的雲朵擁抱著大河（蹇001010+大畜111001）

11. 漸是演進　泰是交換旺盛

　　漸泰中孚：生命用每天的漸進來擁抱泰旺　而泰旺也用健康擁抱每天的漸進（漸001011+泰111000）

12. 小過是細節　乾是抗逆

　　過乾中孚：敬慎的心用細節擁抱每一天的挑戰　而勝天的心用意志擁抱每天的細節（小過001100+乾111111）

13. 旅是遠行　夬是啟動

　　旅夬中孚：行旅可擁抱漫漫的歲月　等待歲月中的啟動與驚艷　啟動的心可擁抱驚豔　等待驚艷後漫妙的旅程　行遠與驚艷在歲月中相擁（旅001101+夬111110）

14. 咸是感性　大有是多元

　　咸有中孚：心用感性擁抱世界　而世界也用千驕百媚擁抱感性的心　微感與多元是孿生兄弟（咸001110+大有111101）

15. 遯是退隱　大壯是攻取

　　遯壯中孚：退隱與攻取是方向相反的行動　但擁抱的都是心安理得的豐收（遯001111+大壯111100）

16. 師是練兵　益是幫助

　　師益中孚：作戰與幫助是相反的行動　但擁抱的都是團隊合作與相信（師010000+益100011）

17. 蒙是求疑　屯是盤旋

　　蒙屯中孚：求疑的心擁抱著盤桓的每一步　而盤旋的心擁抱著每一個問與答（蒙010001+屯100010）

18. 坎是交錯　頤是圓轉

　　坎頤中孚：地圖上縱橫交錯的交通線擁抱著輪轉的地球

　　而輪轉的人間也擁抱著繁忙的交通線路（坎010010＋頤100001）

19. 渙是擴散　復是復原

　　渙復中孚：擴散中的雲淡風輕擁抱著復原的心

　　復原的心也擁抱著擴散中的傷痛（渙010011＋復100000）

20. 解是諒解　無妄是無所謂

　　解妄中孚：諒解後的自由擁抱著無所謂　而無所謂的心也擁抱著諒解

　　中孚解妄：中孚的誠信解開了無妄的天意（解010100＋無妄100111）

21. 未濟是守缺　隨是跟隨

　　未隨中孚：守缺的心擁抱著守序後的知足

　　而跟隨的心也擁抱著不足與未知的前程（未濟010101＋隨100110）

22. 困是圍困　噬嗑是修錯

　　困噬中孚：無形的牢籠擁抱著一群修錯的人　而修錯的心也擁抱著一群受困的心靈（困010110＋噬100101）

23. 訟是相訟　震是相震

　　中孚訟震：相訟的心擁抱著彼此震驚　相震的心擁抱著彼此的矛盾

　　而相擁也可以吵吵鬧鬧不得安寧（訟010111＋震100100）

24. 升是升華　家人是組合與相惜

　　中孚升家：升華用人間擁抱天堂　相惜用心擁抱完美　天堂是心對完美的擁抱（升011000＋家人101011）

25. 蠱是賽局　既濟是知足

　　濟蠱中孚：如果人生有知足的秘方那就是參加賽局　用賽局擁抱優越與知足

　　用對手的勝負擁抱自己的優劣　最後擁抱一個一起奮鬥不懈的擂台（蠱011001＋既濟101010）

26. 井是通路　賁是美麗的故事

　　中孚井賁：人生要挖一口擁抱眾生的井　為眾生寫一個擁抱美麗的故事

　　井是流通的詩歌　賁是絕美的紅樓夢　它們擁抱彼此的美夢（井011010＋賁101001）

27. 巽是輕柔的微風　明夷是祕密

　　巽夷中孚：喃喃的微風擁抱著樹梢的耳朵　默默的泥土擁抱著恐龍的祕密

　　真或假的彈性是巽的人生　藏真晦明的動作是明夷的人生　兩者類同而相擁

　　善藏的心擁抱著胡說八道　胡說八道擁抱著滿心的祕密（巽011011＋明夷101000）

28. 恆是持久　同人是化同

　　恆同中孚：恆常的心擁抱著化異為同　而化同的心擁抱著化變的恆常（恆011100＋同人101111）

29. 鼎是創新　革是除舊

　　鼎革中孚：除舊的心中有迎新　創新的心中有革舊　所以鼎革相擁而同心（鼎011101＋革101110）

30. 大過是不凡　離是相映

　　離過中孚：不凡的心擁抱著離離眾生　而離映的心也擁抱著不凡

的你我（大過011110＋離101101）

31. 姤是共生　豐是放大

姤豐中孚：人生至美在擁抱善良　在與天使共生　如此可以放大幸福的每一天

姤是女性的生殖器　豐是男性　兩者相擁生兒育女的天職（姤011111＋豐101100）

52. 大歸未來（歸妹=110100）

把珍貴的現在嫁到遙遠的未來

把今天的因爲變成明天的所以

給出最好的自己　期待明天的更好　把雜亂的心整理好

輕輕歸納出唯一　都是大歸未來與歸妹卦的能量

1. 剝是結束　睽是分開

　歸妹剝睽：大歸不是分開　而是分開的結束

　剝歸相睽：剝結束過去　歸與未來合一　剝此而歸彼　人生就是

　歲月的剝與歸（剝000001+睽110101）

2. 比是連比　兌是商談

　兌比歸妹：大歸是連結未來的箭　類比商議共識的嘴

兌以比歸：因爲透明精確　　所以比盟無遠弗屆（比000010＋兌110110）

3. 觀是遠觀　履是擇路

歸妹觀履：大歸是先高瞻遠矚　　然後闊步於命運

履觀歸妹：因爲敬愼選擇　　所以靜觀而安適所歸（觀000011＋履110111）

4. 豫是順動　臨是接近

歸妹臨豫：大歸是生命往前的方向　　先登台表演　　後輕輕飛翔

先淋離盡致　　後自由逍遙（豫000100＋臨110000）

5. 晉是巨星般的光　損是簡化

歸妹晉損：大歸是先迷戀潮流　　後簡單專一

歸妹損晉：先割捨暗黑　　後擁抱晴空（晉000101＋損110001）

6. 萃是結晶與聚集　節是分節

大歸節萃：大歸是先縮小選項　　再出發聚集　　先尋找節奏　　後聚集結晶

政治的大歸是俗有節慶　　官有位序　　是盛世濫觴（萃000110＋節110100）

7. 否是否定　中孚是相信

大歸否孚：大歸先拒人千里　　後同心相擁

大歸孚否：先建立互信　　後挑戰逆境（否000111＋中孚110011）

8. 謙是謙虛　大壯是壯行

謙壯歸妹：大歸也是心發展的方向　　謙虛以高歸低　　大壯以理歸易

先求低後行易　　心無罣礙（謙001000＋大壯111100）

9. 艮是絕情與隔離　大有是多元多情

艮有歸妹：大歸是先絕情後變多情

大有歸艮：但絕情的果必有多情的因　拈花惹草的多情事實是絕情

所以大歸者要深知因果轉折之妙（艮001001＋大有111101）

10. 蹇是阻隔的大河　夬是啟動

　　大歸蹇夬：大歸是越過命運的大河開啟新的生活

　　大歸者可以渡過大河　開啟彼岸的智慧

　　蹇歸為夬：所以大隔的大歸是大啟（蹇001010＋夬111110）

11. 漸是漸進　乾是抗逆

　　漸乾為歸：如果漸卦是漸加的智慧是　自1而2而3而無限大　那麼大歸就是由3而2而1而0

　　大歸是逆行的漸進　漸進是緩慢的　而大歸是頓悟的（漸001011＋乾111111）

12. 小過是小小地超過　泰是大大的交換

　　歸過為泰：人歸的割捨放棄細節糾纏或斤斤計較　迎接熱情慷慨的交換　譬如生與滅的交換

　　大歸是用泰的熱情放大小過的細算　用大智越過命運的大河（小過001100＋泰111000）

13. 旅是行遠　大畜是大集合

　　畜旅歸妹：大歸者志在行遠　心懷眾生的富足

　　捨己而得彼　捨家而得天下（旅001101＋大畜111001）

14. 咸是感性　需是相需

　　咸需相歸：感性的大歸是大愛　相需的大歸是深愛

　　咸需大歸：從感性到感恩　從需要到被需要　就是大歸（咸001110＋需111010）

15. 遯是退隱　小畜是積變
　　歸遯小畜：大歸者能退　能積　能變　退此岸而畜彼岸（遯001111+小畜111011）

16. 震是相震　師是練兵
　　歸妹震師：大歸者用貫一的訓練　離開震盪的心　前往彼岸的國泰民安
　　用兵者凶　不如用歸者和　故歸與師相震（師010000+震100100）

17. 蒙是天地蒙朧而扭曲　噬嗑是修錯
　　大歸噬蒙：大歸者噬今日之蒙而修來日之正
　　捨噬歸蒙：放下修錯的念而歸依蒙的美
　　捨蒙歸噬：放下蒙的多疑而歸依噬的正確（蒙010001+噬100101）

18. 坎是交錯　隨是跟隨
　　捨坎歸隨：處坎之道用跟隨　隨交通號誌　隨人車前進　無法相隨則不如用歸
　　捨隨歸坎：大歸化隨為坎　用垂直思考離隨而得其大歸
　　隨歸交坎：隨者依序　歸者跳躍　兩者相坎（坎010010+隨100110）

19. 渙是花粉在風中飄蕩　無妄是沒有一定的目的地與行程
　　以渙歸妄：大歸是花粉渙離根莖　無畏地飄向未來
　　渙歸無妄：逍遙心歸於天意　歸於自然（渙010011+無妄100111）

20. 解是解開　復是還原
　　解以復歸：解開了衣服就還原了裸體　裸體是生死大歸的本相

大歸解復：大歸是解開了今生的牽掛　還原來生的自由（解
010100+復100000）

21. 未濟是永遠的明天　頤卦是今天的地球
頤歸未濟：大歸就是給今天的地球一個永遠的明天（未濟
010101+頤100001）

22. 困是圍困　屯是盤旋
捨困歸屯：大歸未來就是忘記受困的過去　迎接每天的日出日落
埋葬困的此生　迎向屯的來生（困010110+屯100010）

23. 訟是每天漸增的爭執　益是每天與神的感謝
捨訟歸益：大歸者遠離人的訟爭　大歸神的福恩（訟010111+益
100011）

24. 升是升華　豐是放大
捨豐歸升：大歸遠離自誇的俗世　就歸虛空的清明（升011000+
豐101100）

25. 蠱是挑戰　離是相映
捨蠱歸離：大歸是遠離好鬥的擂台　就歸心心相映的未來（蠱
011001+離101101）

26. 井是通路　革是除舊
捨革歸井：放下革變的心復歸井養的功
大歸革井：大歸是革除破舊的往昔　井養蒼生的未來（井
011010+革101110）

27. 巽是五胡亂華的年代　同人是大一統的漢唐
捨巽歸同：大歸是捨棄混亂　就歸大同（巽011011+同人
101111）

28. 恆是持久　明夷是藏明

捨夷歸恆：大歸是厚藏久遠的祕密　就歸嶄新的未來

　　捨恆歸夷：捨恆久之名　歸自明之心（恆011100+明夷101000）

29. 鼎卦創新未來　賁卦描寫現在

　　歸妹鼎賁：大歸者用創新的未來賁美現在

　　捨賁歸鼎：即使活在完美　也不忘創新（鼎011101+賁101001）

30. 大過者超越過往眾生　既濟者圓滿一己之心

　　過濟為歸：大歸者越過往昔與當下而圓滿未來（大過011110+既濟101010）

31. 姤是遇合與共生　家人是組合與相惜

　　捨家歸姤：大歸者以舊求新　也以新求舊

　　用未來的遇合重溫舊時家人的幸福　也用相惜的家人延伸至共生的萬物（姤011111+家人101011）

53. 對立與拆分 (睽 =110101)

拆分與歸一相對　把人拆分則有男女　把事拆分則有難易
把時間拆分則有長短新舊　把空間拆分則有大小曲直
所以把一拆分之後是對立的二

1. 剝是剝壞　歸妹是大歸未來
   剝歸相睽：剝壞的過去與大歸未來是時間的對立與拆分（剝
   000001+歸妹110100）
2. 比是連比　履是擇路

比履為睽：對立是對比的雙方各有天命　　分道揚鑣又義結金蘭
（比000010+履110111）

3. 觀是觀想　　兌是相談

睽乃兌觀：我們的心用二元對立認識世界　　卽使對「我」的觀想
也可拆分爲可以對談的大我與小我

觀兌相睽：觀的弘遠與兌的精細相分別（觀000011+兌110110）

4. 豫是順動加速　　損是簡化

睽以豫損：對立的心可以簡化理解　　加速運算的速度

豫損相睽：豫的加速與損的減速相分別（豫000100+損110001）

5. 晉是亮度　　臨是接近

臨睽而晉：學問的亮度隨著拆分的細度而增加

睽以臨晉：而接近的強度也因拆分的努力而變強　　人生因睽分而
接近明亮

臨晉相睽：虛名與實臨相睽分（晉000101+臨110000）

6. 萃是結晶　　中孚是相信　　是同心擁抱

睽萃相孚：拆分愈精細是奈米世界的愈密集　　也是信仰世界的愈
弘偉

萃孚相睽：萃的密集與中孚的弘遠相睽分（萃000110+中孚
110011）

7. 否是否定　　節是分節

睽之否節：對立的雙方有時會否定彼此　　有時會組成分節的夥伴

節續睽否：節點是增加連續的靈活　　睽點是分斷不再連體（否
000111+節110010）

8. 謙是謙讓　　大有是多元

睽謙大有：萬物在對立時學習謙讓與公平　　在不同的拆分裡看到

　成語易經：用卦名創造成語的智慧

多元與豐富

謙有相睽：求均平與求多元相睽（謙001000+大有111101）

9. 艮是獨立相安　大壯是攻取

睽艮大壯：拆分產生獨立的山頭　也製造了正邪的攻伐（艮001001+大壯111100）

10. 蹇是阻隔的護城河　乾是抗逆

睽蹇為乾：拆分是用蹇阻的河把土地分成抗逆的兩岸

蹇阻的盔甲與耳目聰明是相抗逆的特質

蹇乾相睽：保護自己與戰勝自己是相分的特質（蹇001010+乾111111）

11. 漸是慢進　夬是快啟

夬漸相睽：漸行漸遠的演化與突發的事件爆炸相睽

漸以夬睽：漸進與轉化開啟了分別心（漸001011+夬111110）

12. 小過是細節　大畜是大數據

過睽大畜：細節與大數據對立（小過001100+大畜111001）

13. 旅是行遠　泰是熱烈交換

睽以泰旅：睽分的眼可以看好書逛風景旺盛一場行旅

睽旅得泰：對立的供與需讓行遠時交易熱旺

旅睽交泰：旅的行遠與睽的辨近是最熱烈的交換（旅001101+泰111000）

14. 咸是微細的感性　小畜是漸積的突變

咸畜相睽：剎那的覺知與慢慢的積變彼此對立

睽乃咸畜：耳目睽辨的能力是感性的累積與質變

睽咸小畜：感性的世界用睽分來積變　睽分的世界用感覺來畜變

睽與咸的世界互相積變（咸001110+小畜111011）

15. 遯是退逃　需是相需

　　遯需相睽：退逃與相需彼此對立

　　睽以遯需：愈遠的對立隱藏愈多的相愛　分別是隱藏的相吸（遯001111+需111010）

16. 師是練兵　噬嗑是修錯

　　師噬相睽：治軍求衆正一律貫之　噬錯一口口咬　手法彼此對立

　　師以噬睽：兵法用睽是賞罰分明　用噬是校正枉私（師010000+噬100101）

17. 蒙是模糊　震是相震

　　睽震爲蒙：對立分明的天敵是蒙昧不明

　　但過度的睽分會反震己心成爲心的蒙蔽（蒙010001+震100100）

18. 坎是十字路口　無妄是無常與不可猜

　　坎睽無妄：對立常在十字路口糾結　綠燈或紅燈　加速或煞車　垂直思考是不去妄想　平安才是唯一的路

　　睽妄相坎：看清楚的睽與無法預測的無妄彼此互坎

　　睽之坎妄：二分法是粗糙的　往往不能反應眞相　只是帶來更多相坎與無妄的理解（坎010010+無妄100111）

19. 渙是擴散　隨是相隨

　　渙隨相睽：渙散與相隨彼此對立（渙010011+隨100110）

20. 解是解開　頤是來回循環

　　睽以解頤：對立有如鬆開緊握的雙手　或是買一張沒有來有回的票　是循環圓的崩解（解010100+頤100001）

21. 未濟睽復：未濟是無窮的延續　復是還原到啟始態　兩者相對立（未濟010101+復100000）

22. 困益相睽：困是圍困的魔　益是幫忙的天使　兩者相對立（困

010110+益100011）

23. 睽以訟屯：訟是相斥　屯是盤旋　對立是持恆的盤旋與爭訟（訟
010111+屯100010）

24. 睽以升離：對立是升華後的複製　是相映而不相離開的二（升
011000+離101101）

25. 睽以蠱豐：對立是用比賽找出優劣　用放大找出真偽（蠱
011001+豐101100）

26. 井是通路　同人是化同
睽以井同：對立的雙方可以建立通路　可以化同歧視
睽同相井：對立是化同的通路　化同也是對立的通路　可以創
造更美好的分享　一如上帝替亞當創造了夏娃（井011010+同人
101111）

27. 巽是寬容　革是革變
睽之巽革：寬容與革變相對立
巽以革睽：睽分讓心更聰明　但不要只選擇聰明　要用寬鬆的心
平衡聰明　用狂想的心來改變對立（巽011011+革101110）

28. 恆是持久　賁是定形
賁睽恆美：美的對立不是不美　是不耐久的美或永恆的美
賁以睽恆：永恆的對立不只是短暫　還是定形或不定形的永恆
睽以恆賁：對立是恆久的美化（恆011100+賁101001）

29. 鼎是創新　明夷是藏明
鼎夷相睽：升明與藏明對立
鼎睽明夷：創新的對立不只是陳舊　還是看不見的創新
明夷睽鼎：祕密的對立不只是常識　還是日新月異的祕密（鼎
011101+明夷101000）

30. 大過是不凡的獨夫　家人是美麗的組合

　　家睽大過：家人與睽卦相綜　是彼此的不凡　大過獨夫與相惜的家人相對立

　　睽過家人：孤獨有不凡的本質　是對立的後果　對立與不凡是孤獨的家人（大過011110+家人101011）

31. 姤是遇合　既濟是調和

　　睽姤既濟：對立是分開與遇合產生相調和的存在　是經過細心調和後的美麗遇合

　　完足是對立與共生的調和（姤011111+既濟101010）

54. 交心對談（兌=110110）

心與心的對談　聚焦一個問題　抽絲剝繭

不斷整理　不停商議　直到晶瑩剔透　和悅共識

就是交心對談　是心與心的重疊　產生了交集

人生需要相知的朋友　需要可以交心的聖哲智慧

甚至更重要的　要能與自己深心交談　都是兌卦的能量

兌卦是不斷接近與結晶後的精確　像幾何學的碎形

不斷縮小仍保有相同轉折的邊

1. 剝是結局　履是獨自擇路

   履剝則兌：一個人走在命運的長路太孤單　找一個交心的朋友可以結束人生的獨行

   剝履相兌：每天的結局與每一步的選擇相交談　是命運與心的交談（剝000001+履110111）

2. 比是連比　歸妹昰歸一

   比歸爲兌：交兌是是眾多友情結盟且歸一於一個想法

   結伴的心共歸同一的遠方（比000010+歸妹110100）

3. 觀是觀想　睽是對立

   兌以睽觀：要和自己交談　用對立的觀想　不同的立場　靜想古今　細談乾坤　和悅歡暢

   兌觀相睽：一個人靜觀與兩人對談是不同的生活態度（觀000011+睽110101）

4. 豫是輕快　節是節奏

   兌以豫節：對談要輕快不要凝重　要簡節不要冗長　像合唱一首歡樂的歌　共享一種美妙旋律（豫000100+節110010）

5. 晉是知性　中孚是同心

   兌以晉孚：對談要有知性的光　誠信的透明　擁抱彼此的心（晉000101+中孚110011）

6. 萃是結晶　臨是登台

   兌以臨萃：對談要貼近彼此的心　輪流登台表演似地　拋空自己最後得到結晶般的結論（萃000110+臨110000）

7. 否是否定　損是簡化

   兌以否損：對談不要鄉愿式地贊同　要率直地否定　迅速減少彼此的歧見　達成一致的共識（否　000111+損110001）

成語易經：用卦名創造成語的智慧

8. 謙是謙虛　夬是爆發與啟動

　　兌以謙夬：對談態度要謙虛　用詞要公正　要不時用爆發的靈感點亮新的星辰（謙001000+夬111110）

9. 艮是相安　乾是抗逆的人性　也是潛藏的神性

　　兌以艮乾：人可以和神交心對談　因為人有神性　對談讓人神在相安中相知相惜

　　乾以兌艮：乾的神性讓最遠的邊界也有最近的相知（艮001001+乾111111）

10. 蹇是盔甲　大壯是劍戟

　　兌解蹇壯：交心不是一見如故　而是我慢慢脫下盔甲　你慢慢放下劍戟（蹇001010+大壯111100）

11. 漸是漸進　大有是多元

　　兌漸大有：交心要愈慢愈柔愈持久　而交疊的面積要愈大愈多元（漸001011+大有111101）

12. 小過是細節　需是相需

　　兌以過需：交談有時會在細節處糾纏　在相需中失落　要用大愛交心　用小事對談（小過001100+需111010）

13. 旅是行遠　小畜是積小突變

　　一生行遠是經歷的積小　發現感動是由積生變的小畜

　　兌旅小畜：心在對談中相偕旅行　而在交疊時發生突變　產生靈感（旅001101+小畜111011）

14. 咸是感性　泰是交換

　　兌以泰咸：交心是靈的交換

　　兌咸而泰：而敏銳的感性是交談的汽油　讓對話的引擎不停地運轉（咸001110+泰111000）

15. 遯是退隱　大畜是大集合

兌遯大畜：對談可以讓時光倒轉　退到最遠的過去　包括彼此的童年　甚至共同的祖先

碎形的世界隱藏著最大的自然全記錄（遯001111+大畜111001）

16. 師是紀律　隨是跟隨

兌以隨師：交心的情誼需要長期自律的訓練　也要如影隨形的關心（010000+隨100110）

17. 蒙是模糊　無妄是常心

蒙妄交兌：交心有時需要裝糊塗　要容忍無常的情緒

蒙體與妄體是交心的知己　當心智不求甚解時與天意的無常可以交心相談

心智的蒙與天意的無妄是交心的知己（蒙010001+無妄100111）

18. 坎是交錯　震是相震

兌坎有震：交心像交錯的路口　有時充滿驚訝　有時歡欣共鳴　有時是把智慧相乘

兌以坎震：交心是交坎的波　也是波的交錯　是韻中有韻　碎形再碎形

兌坎相震：震波的坎是振幅與頻率　兌是用調幅或調頻的方法找到溝通的管道　交兌與交坎彼此相震（坎010010+震100100）

19. 渙是擴散　噬嗑是修錯

渙噬交兌：交談有時海闊天空　有時細心咀嚼　外擴與內修可以交心（渙010011+噬100101）

20. 解是解開　屯是盤旋

兌之解屯：交心的過程有時頓悟解惑　有時盤旋終生

兌之屯解：有時是漩渦的形成　有時是消解（解010100+屯

10001000）

21. 未濟是再續與不足　益是相幫助

兌益未濟：交心有時很貪心　要求無止境的加值　一如天使對善良的要求（未濟010101+益100011）

22. 困是把心縮成一點　復是無數次的重現

兌之困復：幾何圖形中的碎形展現了無限縮微的邊界　一如點與線之間無窮的對話

靈兌復困：心與心的對話是一種靈性的碎形　永遠有更細微的驚喜（困010110+復100000）

23. 訟是相斥　頤是顛倒後的相養圈

兌訟相頤：相訟與相兌談互相顛倒　又循環不已

有時爭吵是交心的前奏　不爭不吵反而是離心的前兆　相訟與相知彼此相養（訟010111+頤100001）

24. 升是升華　革是改革

升革交兌：升華到高階與改革到新局是心往上往前的趨性　兩者可以交心相談（升011000+革101110）

25. 蠱是比賽　同人是化同

兌蠱同人：交心的對談化同擂台上的對手（蠱011001+同人101111）

26. 井是通路　豐是放大

兌以井豐：交心的話題是被挖開的井泉　放大的友誼是四散的花香（井011010+豐101100）

27. 巽是寬容無邊　離是相映　兌的交談是精確細密

兌之巽離：知心的朋友天南地北如風的閒談

是心湖上生生不息相映的漣漪（巽011011+離101101）

54. 交心對談（兌 =110110）　　　/ 289

28. 恆是持久　既濟是調和

　　兌恆既濟：與知己的一席話　可以貫穿歲月風雨　此生無憾　來生無求

　　既濟恆兌：調和恆等兩顆心經過精確的討論達成共識（恆011100+既濟101010）

29. 鼎是創新與烹調　家人是完美的組合

　　兌以鼎家：交兌是精心烹調後的家人　是完美與創新間的交談（鼎011101+家人101011）

30. 大過是不凡　明夷是藏明

　　兌知過夷：相知也是一生最不凡的祕密　也是超越祕密的總合

　　兌以過夷：交心是他懂我　一個被深藏的自己　和一個比我更懂我的生命（大過011110+明夷101000）

31. 姤是遇合　賁是美化

　　兌以姤賁：知己是下凡的天使　是一生最美的圖騰　最美的遇合　對談要有美麗的故事　確定的邊界　也要有遇合與共生的浪漫（姤011111+賁101001）

55. 擇步履道（履=110111）

命運的大道是用一步步小心走出來的
天道不在天上　在我們的鞋子下　履道就是勇於選擇天命之道
一步的現在與一生的未來心心相印
每一步都是自由意志的抉擇　是痛苦的割捨　敬慎的選擇
人生的抉擇像一串密碼　開啟獨一的命運
命運是生命隨時的運算　像一組由億萬參數組成的方程式
代表獨行的命運　個人的王道　都是履卦的能量

1. 剝是結局　兌是相談
   兌剝而履：兩人相談的結局產生一種共識　一種決定　代表一生的重復由二選一的擇命之道（剝000001+兌110110）
2. 比是親比　睽是分別
   履比相睽：命運的獨行連最好的朋友都無法分享全部　走一條對的路有時要作一萬次道別（比000010+睽110101）
3. 觀是遠觀　歸妹是歸屬
   履之觀歸：命運的路上　我們作主人的也是旁觀者　以為自己的決定事實是有更高的主宰指引我們的歸屬
   觀歸成履：綜觀多元而歸屬擇一　履命之道卽由多而擇一（觀000011+歸妹110100）
4. 豫是輕鬆　中孚是相信
   中孚豫履：命運的路上有信仰會走得更輕鬆
   履豫中孚：自由意志是一種幻覺　人的選擇　冥冥中是中孚祂的選擇（豫000100+中孚110011）
5. 晉是求名求知　節是分節
   履以晉節：履道要往明亮的標竿前進　用簡單的節奏
   或是把路分節成更短的段落　目標是摘下更遠更高的星星（晉000101+節110010）
6. 萃是結晶　損是簡化
   履以萃損：當路不好走　要減輕行囊　拋開貪心的妄想　最後的選擇往往是結晶般的善良
   萃損為履：整理與簡化正是大道的履（萃000110+損110001）
7. 否是逆境　臨是接近
   履以臨否：命運是一條接近逆境與死亡的路　接近的意思不是掉

成語易經：用卦名創造成語的智慧

進去　是擦肩而過

天命的本質否如虎口　充滿未知的凶險　要用敬慎的心　如臨深淵地走

臨則否履：接近本心是唯一的選擇　則履道不用再選擇（否000111+臨110000）

8. 謙是謙虛　乾是抗逆

履謙爲乾：天命有時藏在最低的深谷　往謙虛的方向　愈能感受龍虎般的自己

乾履爲謙：飛龍的選擇是往下往更廣闊的方向　能飛則潛　能藏則質　正是抗逆的本質（謙001000+乾111111）

9. 艮是絕情與孤獨　夬是開啟

夬履用艮：天命有時藏在最高的山巔　絕情而孤獨　這是天命要開啟一個嶄新的你

艮履得夬：孤獨的履沒有掌聲　卻有王者開天啟世的能量（艮001001+夬111110）

10. 蹇是險阻　大有是多元

蹇履大有：有時路來到一條渡不過的大河　不用沮喪　因爲河邊會遇到最多的朋友

履蹇大有：走困難的路得到最豐富的回饋（蹇001010+大有111101）

11. 漸是慢進　大壯是壯闊

履漸大壯：轉彎時步伐要慢要溫柔　溫柔的心是最強壯的力氣

大壯漸履：心要壯闊　你會發現氣正會轉化命運的路　讓選擇更容易（漸001011+大壯111100）

12. 小過是細節　小畜是積小突變

履過小畜：充實的命運要用小事塞滿日子　等待靈感的天使來訪

小畜過履：靈感與細節是引導好命的履（小過001100+小畜111011）

13. 旅是行遠　需是相需

履以旅需：命運是一趟遠行　裝滿飢渴的慾望

履需爲旅：選擇了相需與相愛　再遠的行旅也值得（旅001101+需111010）

14. 咸是感性　大畜是大集合

履以畜咸：感性是覺知的參數　命運是一串百年參數的集合

履以咸畜：美麗的命運能感受刹那的美好　能記憶一生的甜蜜（咸001110+大畜111001）

15. 遯是退隱　泰是交換

遯履爲泰：有時天命不在前方而在後方　不是進而是退　可進可退的路　走別人看不到的路　往往生意興隆（遯001111+泰111000）

16. 師是戰鬥　無妄是平常心

履師無妄：設想有一天路上需要戰鬥　所以平常心就是平時用訓練來等候戰鬥

無妄履師：平常心是先吃苦後必勝的選擇（師010000+無妄100111）

17. 蒙是昏暗蒙朧　隨是跟隨

履隨相蒙：獨行或相隨是命運常見的蒙昧不清　命運可以用選擇也可以用跟隨　各有殊勝

履蒙則隨：命運不要跟隨黑暗　要跟隨光明　跟隨良知　跟隨祂的指引（蒙010001+隨100110）

18. 坎是交錯　噬嗑是修錯

　　履坎用噬：當來到命運最難的交差口　或選擇出現嚴重的錯誤
　　要勇敢修正

　　坎之噬履：心常用垂直的思考走　修錯是事後的補救　選擇是事
　　先的作功課（坎010010+噬100101）

19. 渙是擴散　震是相震

　　履之渙震：人生有時傷痛太重無法前進　不如休息放鬆　感受著
　　放空與簡單的節奏

　　履渙相震：方向的渙散與選擇方向是相震的峰與谷（渙010011+
　　震100100）

20. 解是解開　益是加值

　　履以解益：人生要選擇原諒的路　帶著感恩的心走

　　解益大履：常懷放下與行善的心　自助天助是最平坦的路（解
　　010100+益100011）

21. 未濟是守缺　屯是盤旋

　　屯履未濟：人生有時會繞著圓圈走　甚至跛著腳走　守缺持戒是
　　學修道者走路　盤旋是學星星走的路（未濟010101+屯100010）

22. 困是困圍　頤是相養

　　履困而頤：人生的大道是由困走出　走在頤的相養中

　　心的大道是走出我執　走在替蒼生的算計　走在慈悲與相養（困
　　010110+頤100001）

23. 訟是矛盾　復是復原

　　履訟而復：當心在矛盾中卡關　大道是走回初心的純淨（訟
　　010111+復100000）

24. 升是升華　同人是化同

升履同人：心的大道求化同天地　也求升華此生到來世　履道卽升心之道　把天命踏實的道（升011000+同人101111）

25. 蠱是挑戰　革是革變
履之蠱革：大道由亂而治　亂世要勇於革變　治世要勤於挑戰（蠱011001+革101110）

26. 井是通路　離是相映
履之井離：大道卽分享天下人的通路　通天地之理　與善知美麗相映（井011010+離101101）

27. 巽是寬容　豐是放大
履道巽豐：大道至寬　要容眾生的善惡　大道至豐　要定眾星的北斗（巽011011+豐101100）

28. 恆是持久　家人是組合
家人恆履：擇人間的步　履天命的道　積善之家　必有恆福　大道守常　相惜在心（恆011100+家人101011）

29. 鼎是創新　既濟是調和
鼎履既濟：文明之道　建鼎之邦　風必調雨必順　大道迎新　調和民心（鼎011101+既濟101010）

30. 大過是不凡　賁是美化
賁履大過：擇英雄的步　履唯美的道　大過之心　必有賁美之詩　大道不凡　定於一美（大過011110+賁101001）

31. 姤是共生　明夷是藏明
夷履為姤：擇藏明的步　履共生的道
明夷姤履：明夷之心是武曌創建大周之朝的用姤之道
大道如欺　雖各有明夷之心　但得六畜興旺　雖欺亦可姤（姤011111+明夷101000）

成語易經：用卦名創造成語的智慧

56. 永動泰順（泰=111000）

是生生不息的生命圈

是宇宙中能量與物質旺盛的互動與交換

是魔法般的變通有無　旺盛的景氣　活絡的生意

是健康的身體　是易經的核心價值

1. 剝是存在的剝滅與再生的起點　大畜是歷史的總合

　　泰剝大畜：泰順就是把不斷過去的剝交換成永不死亡的大未來

　　泰不是一個人的大富　是一個世界的百業興盛（剝000001+大畜

111001）

2. 比是連比　需是相需

　　需比為泰：泰是世界的經濟　是景氣熱絡　是供需的大聯盟（比
　　000010＋需111010）

3. 觀是觀想　小畜是靈感

　　小畜觀泰：觀想讓心生氣膨勃　從靜觀到文思泉湧就是觀與小畜
　　合成的泰（觀000011＋小畜111011）

4. 豫是輕鬆的動　大壯是有力的肌肉群

　　豫泰大壯：輕鬆與用力間有永動的秘訣　即用最大的能作最小功
　　率的事（豫000100＋大壯111100）

5. 晉是唯一的太陽　大有是處處的太陽　滿天的星星吧

　　晉泰大有：唯一與處處之間有泰順的交換　像把大劇場搬到家中
　　的電視機一樣（晉000101＋大有111101）

6. 萃是聚集人群　夬是最快的動員

　　萃夬為泰：拿破崙用快速動員與聚多的兵法征服了歐洲（萃
　　000110＋夬111110）

7. 否是否定　乾是天神與龍般的能量或抗逆的自我

　　否乾為泰：否定了神就肯定了人　否定了抗逆就肯定了泰順

　　否泰為乾：在心的認知上　非龍是龍　非佛是佛　是我非我
　　這是心經與金剛經上的無相佛法　全面的否定交換後就是重新的
　　肯定
　　泰卦連天與地都交換了　生死起滅當然也可交換（否000111＋乾
　　111111）

8. 謙是以高求低　臨是君臨天下

　　謙臨為泰：而用泰的君王以謙治天下　是淋離盡致的謙

泰是化高爲低 化低爲高的功夫 用謙卑來統治的王道（謙
001000+臨110000）

9. 艮是自我的畫界 損是簡化界線

泰以艮損：用泰是把限制自我的界線化簡至無 不只是無我 也
是開發最大的我

損艮爲泰：泰是無我 小我 大我間的交換 也是我與神佛天地
一切的交換 把我的界限全面打破（艮001001+損110001）

10. 蹇與節都遇到外在的險阻 蹇用停止與定居面對險阻 節用分節
曲彎面對

蹇節爲泰：蹇是保護的盾 節是繞圈子的四季 用泰就是在險阻
的保護下歌舞昇平（蹇001010+節110010）

11. 漸是逐漸展開的表演 中孚是心心相印的表演者與觀衆

泰漸中孚：舞台是固定的 表演是不停的 用泰就是貫穿固定與
不停的雙方

節目不變觀衆變 觀衆不變表演變 戲後總有戲 （漸001011+
中孚110011）

12. 小過是細節的日常 歸妹是未定的未來

泰過歸妹：泰順是把身邊細算的日常當作大歸以後的未來 讓當
下有來生 未來如當下（小過001100+歸妹110100）

13. 旅是遠行 睽是分別

泰以旅睽：泰是用遠旅的心情享受身邊明麗的分別心 也是用精
緻的睽分之心感受人生的不息之旅

泰旅相睽：旅是用心看美麗的世界 泰是把自己當作美麗的世界
讓歲月見證自己豐富的生命成長 所以泰旅相睽（旅001101+睽
110101）

14. 咸是感性的至微　兌是交談　類比碎形般的精細

　　泰以咸兌：泰是用感性的剎那去探索不斷縮小比率但總是重現相同幾何的碎形

　　泰健是最敏銳的感性發揮最熱烈的交談　是感性間最精微的對談

　　泰是無限精微下發展出來的碎形生命（咸001110＋兌110110）

15. 遯是隱藏　履是大道

　　遯履爲泰：泰是隱藏的大道　是老子的大道無道　是命運之路可進可退的交換

　　泰健是逃命與履命的總合　是無路與有路的交換（遯001111＋履110111）

16. 師是兵法　明夷是詐術

　　泰師明夷：泰是善用欺敵的必勝兵法　是一貫訓練後的自我深藏也是深藏在心的不敗雄師（師010000＋明夷101000）

17. 蒙是看不清楚　賁是美化

　　泰之蒙賁：泰是革命性的美　既扭曲又定形　既朦朧又寫眞（蒙010001＋賁101001）

18. 坎是交錯　既濟是調和滿意

　　泰坎既濟：泰是魔法般的水火　用最大的坎練習最大的圓滿

　　像把相交於平面的十字路改成交疊的高速路　而泰與既濟之間存在交坎的關係

　　一個小小的滿意心與大大的順泰心相坎　滿意阻擋了順泰　順泰也阻擋了滿意

　　坎是事物的質心　既濟是左右上下的調和

　　濟坎爲泰：尋找質心是最順泰的調和左右上下（坎010010＋既濟101010）

19. 家人是組合　渙是發散成虛　易經爻詞渙王居說

渙家成泰：國王散去小家小居　而以天下爲家爲居

家人是相惜的私領域　用泰者志在天下　以渙空爲家　以蒼生爲
家人（渙010011+家人101011）

20. 用泰之道多變　豐是放大　解是解惑

泰之豐解：放大了視野自然容易解惑　泰旺的熱力在解放心中豐
盛的理想　在解開全世界的心結

解豐成泰：解開了心鎖　自然容易放大泰旺

泰以解豐：解是春天把冬天的冰雪溶解　豐是是秋天把夏天的百
穀豐收　泰順是春夏秋冬的冰溶與豐收（解010100+豐101100）

21. 未濟是天命的未來　離是繁衍富庶的大地

未濟離泰：以天存續　以地繁衍　就是用泰（未濟010101+離
101101）

22. 困是受圍　革是改革老舊

困革交泰：用泰者困舊个悶　革新不貪（困010110+革101110）

23. 訟者相爭　同人化同

訟同爲泰：泰者善訟愚同　善同愚訟　故不愚（訟010111+同人
101111）

24. 升復爲泰：升者進高　復者回低　泰者升高復低得其虛實圓轉
（升011000+復100000）

25. 蠱頤得泰：蠱者鬥法　頤者和養　相爭相養爲一體兩面　用泰者
見蠱得頤　見頤得蠱　善其利泰其實（蠱011001+頤100001）

26. 屯是恆常的天體　井是相通的蟲洞

泰井而屯：泰者穿梭蟲洞悠遊於多重宇宙（井001010+屯
100010）

27. 巽是柔軟的身心　益是加大的能力

泰以巽益：泰者兼有受力與加力的本質　是生命的彈力與善良
（巽011011+益100011）

28. 恆是永靜與平常　震是永動的歌聲

泰以震恆：泰不守靜　泰變恆常爲震動

泰恆相震：泰與恆是彼此相震　形成氣韻

恆震卽泰：長久的震動與歌聲正是永動的泰（恆011100+震
100100）

29. 鼎是用烹理建立高明的美食文化　噬是用細咀慢嚥去毒與消化

鼎噬爲泰：鼎是建新　噬是刑錯　用泰治國者兼有罰惡與勵新之
治（鼎011101+噬100101）

30. 大過超越　隨跟隨

泰者過隨：用泰者　以越爲隨　以隨爲越　超越與跟隨同心於泰

大過隨泰：大過的心是對熱情永不止息的跟隨（大過011110+隨
100110）

31. 姤是遇合的現在　無妄是無常的未來

泰姤無妄：泰者共營未來與現在　用熱情共生的現在活出無畏的
平常心

泰以姤妄：若心能熱情交泰　可溯遇聖賢　可預測天意　所謂遇
合古今　與天意共生（姤011111+無妄100111）

57. 集大與積富（大畜=111001）

最大的集合是整個宇宙

最大的積富是個謎

錢財的積富與心靈不同

心用美積富　用故事　用感動與理想

而易經喜歡在心智與時間中積富

1. 剝是剝亡與結束　泰是最大的交換

　　泰剝大畜：用泰之心把歷史中剝亡的時間交換成再生的當下　用

當下把歷史的過去作全記錄

大畜剝泰：把文明的全記錄收納在剝的口袋中　就是時間的積富　原來會消失的時間是牽著大富與泰旺的母親（剝000001+泰111000）

2. 比是類比與結盟　小畜是突變與靈感

大小畜比：大畜可類比小畜　但不是小畜　是小畜的結盟　用一個靈感統治一個世界的富有（比000010+小畜111011）

3. 我思故我在　觀想可以創造萬物　需是需求

大畜觀需：用靜觀收納並創造萬物的需求可以積大富（觀000011+需111010）

4. 豫是化易　大有是化異

大畜豫有：心智用化易與化異來積富　大畜之富與大有之富是微小的豫動　也是最容易的轉換（豫000100+大有111101）

5. 晉是用明　大壯用征服

大畜晉壯：用知識的高明征服天下是大富的壯舉（晉000101+大壯111100）

6. 萃是聚集　乾是天神般的大能力

乾萃大畜：把天聚集在當下　用當下統領古今與人生　是天神般積富的心智（萃000110+乾111111）

7. 否是否定　夬是啟動

否夬大畜：每個否定都可啟動一萬個大集合

夬否大畜：用最果決的說不可以累積人生大富（否000111+夬111110）

8. 人生充滿大富的機會

有時它藏在平凡的眾生　要用謙虛去發現

有時它藏在簡單的道理　要用減法去靠近

大畜謙損：大富像海　謙下而納百川　大富像無憂　損其疾而得
壽（謙001000+損110001）

9. 艮是相安的山　臨是接近與表演

大畜艮臨：大富有時是一種相安　安靜躺在無爲的身邊　像漢朝
的文景之治　皇帝用無爲而治替蒼生積富

大畜臨艮：大富有時是一種表演　讓衆生用歌舞生命表演自己的
極限（艮001001+臨110000）

10. 蹇是阻隔與保護　中孚是相信與互擁

大畜蹇孚：大富是擁抱蹇難的河水　在它的保護下締造一個大河
文明（蹇001010+中孚110011）

11. 漸是慢進　節是分節

漸節大畜：心的大富藏在記憶中　強大的記憶力靠分節與漸進
在章節中溫柔地轉進（漸001011+節110010）

12. 畜過相睽：小過是細節　睽是對立與分開　小過與大畜對立

大畜睽過：但是能在細節處發現睽分的智慧　正是大富的心（小
過001100+睽110101）

13. 旅是行遠　歸妹是歸一

大畜旅歸：大畜的心用最遠的運算找到歸一的答案

大畜歸旅：也用歸一的目標計劃最遠的探險（旅001101+歸妹
110100）

14. 咸是斜率與參數　履是尋找參數的長路

大畜咸履：人類全能的心是人工智慧的大富　集合億萬個參數的
運算可以製造人工智慧（咸001110+履110111）

15. 遯是退隱　兌是不斷縮小的碎形　是對談的心篩選出來的精華

大畜兌遯：隱遁的精華更多　大富的心用細心發掘看不見的精華是與退逃的心對話的能力

大畜遯兌：大富是全記憶　豐收蒼生為知己的心（遯001111＋兌110110）

16. 師是服從與訓練　賁是定形與美化

大畜師賁：大富的心用團隊服從生產價值　用美化吸引需求

大畜賁師：而最富有的心可以把強大的敵人化成美麗的故事（師010000＋賁101001）

17. 蒙是問與答的世界　明夷是看不見的眞相

大畜蒙夷：問題或答案都可以讓人致富　大富的心樂於收藏似是而非的答案

大富藏在看不清的眞假中　是用問答的心點亮智慧的心燈（蒙010001＋明夷101000）

18. 坎是交錯　家人是組合完美

大畜坎家：大富不是完美　是完美的垂直思考

大富的心在十字路口勇敢轉彎　在天倫之樂中懂得垂直思考　把一家之美換成萬家之美（坎010010＋家人101011）

19. 渙是擴散　旣濟是滿足

大畜渙濟：大富不是滿足　是擴散的滿足

不是一個人的滿足　是感染全人類的滿足（010011＋旣濟101010）

20. 解是解開　是頓悟　離是相映離

大畜離解：大富不只是複製衆多　甚至是解除複製　是生生不息的理解與諒解

離解大畜：現實與夢相離映　現實中的大富有時只是夢裡一個頓

悟（解010100＋離101101）

21. 未濟是不足　豐是放大

大畜未豐：大富藏在眾生的不足　藏在永續的未來　藏在一顆會放大別人需要的心（未濟010101＋豐101100）

22. 困是一個最緊的小集合　大畜是一個最寬的大集合

困同大畜：人類雖受困於地球　卻在化同之心中享受了宇宙中罕見的大富足（困010110＋同人101111）

23. 訟是矛盾　革是改革

大畜訟革：大富的心善用矛盾與改革致富

譬如化敵爲友　譬如把色即是空的難解　改成色中有空的易懂（訟010111＋革101110）

24. 升是升華　頤是大圓

大畜升頤：大畜是升華到比頤的大圓更外面的大圓　譬如星系的循環

大畜頤升：大富要有壞保的宏觀　不是生養更多的人　而是生養萬物　與神的溝通（升011000＋頤100001）

25. 蠱是賭局　復是不止息

大畜復蠱：有人大富靠不停地賭　但更多人的大貧因爲好賭　差別在圖利自己還是爲蒼生造福

復蠱大畜：還原了賭性　就是大富之心　復初之心與富天下之心是相爭賽的心（蠱011001＋復100000）

26. 井是一技之長　一個平台一個通路　益是幫忙

大畜井益：大富起於通路與分享　還要有一顆天使的心　總是願意幫忙（井011010＋益100011）

27. 巽是容量與柔軟度　屯是盤旋

大畜巽屯：大富是一種盤旋的能力　一種與天體一樣持恆的心　也是一種寬容與柔軟度　接受狂想與異端（巽011011+屯100010）

28. 恆是時間的總合　噬是修正的意志

噬恆大畜：時間是一生最大的貴人　而修正的心是最賢能的大臣　卽早合貴與養賢是大富的保證（恆011100+噬100101）

29. 鼎畜相震：鼎是創新　大畜是貯舊　兩者如水波一樣相震

鼎震大畜：在創新高度上努力　有一天或許震動了天下人　會變成名垂千古的財富（鼎011101+震100100）

30. 過妄大畜：大過是極端數　無妄是亂數　彼此是對方的極端　合起來就是大數的大畜

無妄過畜：無妄站在大過與大畜的兩極　無常經過大數化後變成常數　這是機率的本質

大妄過畜：大數的無常化則變成亂數　數學告訴我們　英雄與大富由天　是一種亂數

大畜過妄：但心的大富是大數　更是把亂數化成常數　是心無所不超越的能力

過畜無妄：大過與大畜間存在無常的關係（大過011110+無妄100111）

31. 逅是共生　是天使來合　隨是跟隨

大畜隨逅：大富不在未來　在當下　不在遠方　在身心中

我們的身體有無數共生的微生物　我們心有無數可喜的想法

我們的命運有無數天使的庇佑　用喜悅跟隨天使就是大富（逅011111+隨100110）

成語易經 用卦名創造成語的智慧

58. 相需與愛（需=111010）

相需是一種無與有並存的狀態　有口沒有食物

有眼沒有燈　是有的生命發現無的存在

有時我們因為發現吸引力才意識到自己的活生生

相需是一種相吸引的力

像萬有引力　把宇宙萬物隱隱牽引著

需要是生命的依賴　發現不足而尋求滿足

相愛也是　用心滿足彼此的需要　是重力線的宇宙

每個質能的存在都彎曲著時空　影嚮著彼此

1. 剝是剝壞也是缺的製造　小畜是缺的消彌

   剝需小畜：相需是缺的存在與消長過程（剝000001＋小畜111011）

2. 比是心智相連的需要　泰是交換彼此的需要

   以比泰需：心用相連交換需要

   泰比為需：萬物用交換有無相連彼此的需要

   需之泰比：需要是力也是態　是交換前的態與相吸相連結的力（比000010＋泰111000）

3. 觀是用心發現這個世界　大畜是用記憶收納觀想

   需觀大畜：相需是慾望的觀想與記憶　在觀想與記憶中無所不在的需要

   觀畜相需：觀是如道士的致遠凌空　與大畜的如商人的至富天下彼此相缺相需（觀000011＋大畜111001）

4. 豫是最自由的發展　有一種優雅　夬是最強的爆發　有一種決斷

   豫夬相需：豫夬兩種特質相需相慕　有豫無夬　有夬無豫（豫000100＋夬111110）

5. 晉是用光開創時空　乾是抗逆

   晉需為乾：需是用引力牽引質能　與晉卦相錯　時空的開創與質能的相吸相抗逆

   而乾卦也是時空與質能的總合

   乾之晉需：晉是眾知與獨明　是訊息的命運　需是引力與黑洞是質能的命運　兩者相抗

   乾晉相需：抗逆的自己與遙遠的巨星　彼此相需　有乾無晉　有晉無乾（晉000101＋乾111111）

6. 萃壯相需：萃是晶瑩的美人　大壯是力拔山兮的霸王　彼此相愛

成語易經：用卦名創造成語的智慧

萃壯相需：萃的秩序晶格如金剛鑽　與大壯的剛猛如野獸　彼此相缺相需（萃000110+大壯111100）

7. 否是否定　大有是不缺　什麼都有

否需大有：否定了缺需就是大有　大有的否定就是相需的大缺

大否有需：最大的擁有與最大的逆境都能生出相需的大愛　大否大有大愛是心靈的三大（否000111+大有111101）

8. 謙是以高就低　節是節約與節韻

謙節相需：謙虛的心需要節約的自己　節韻的心需要高低的交換謙卑的高低交換與節韻的斷續相間是相需的旋律與節奏

節謙相需：節奏產生不均的斷與續　謙平產生一致的音頻　有節無謙　有謙無節（謙001000+節110010）

9. 艮是相安的山　中孚是相擁抱的心

需艮中孚：相需是既相安又相擁抱的愛

隔絕的艮與中孚的擁抱是相需相缺的特質（艮001001+中孚110011）

10. 愛的面貌萬千　蹇是阻斷與保護　臨是輕撫與近臨

需之蹇臨：愛是越過阻斷的近臨　包含堅強保護與溫柔輕撫

相需是越過蹇阻期待相接臨的力　也是接臨後發現無法越過的阻隔　是蹇中之臨　也是臨中之蹇（蹇001010+臨110000）

11. 漸是演進　損是簡化

需之漸損：相愛是漸漸加溫的簡單專一

漸中損需　損中漸需：相需是漸演中最難割捨的損減　也是減損中最難的演化（漸001011+損110001）

12. 小過是細節　兌是對談

需兌小過：相愛是對談的心糾纏無邊的細節

需以兌過：相需是小過中不再糾結的兌談　也是兌談中不再前進的糾結

兌過有需：小過中有相需的兌　相兌中有相需的小過（小過001100＋兌110110）

13. 旅是行遠　履是獨行

需以旅履：相愛是多情旅遊中專情的選擇

旅中履需　履中旅需：相需是行旅中獨一的選擇　也是履道中探索的心（旅001101＋履110111）

14. 咸是感性　歸妹是歸一

需以咸歸：相愛是最細微的感性中最決絕的歸屬　相需是參數與常數間的關係

咸中歸需　歸中咸需：相需是微感中紛亂的歸一　也是歸遠途中多元的覺知（咸001110＋歸妹110100）

15. 遯是退隱　睽是分別

需以遯睽：相愛是最強對立時的退讓與認錯

遯睽爲需：相需是遯隱的分別與距離　也是分別後的幽暗不明（遯001111＋睽110101）

16. 師是訓練　既濟是調和

需師既濟：爲了滿足愛　要勇於痛苦的訓練與耐心的調和　爲她犧牲　因她知足

師中濟需　濟中師需：相需是訓練兵將時調和的殘忍　也是調和後的紀律與服從（師010000＋既濟101010）

17. 蒙是模糊　家人是組合完美

需蒙家人：需要與缺乏是被蒙蔽中的完美

需以蒙家：相愛要接受是非不明的完美

成語易經：用卦名創造成語的智慧

蒙中需家　家中需蒙：相需是蒙中組合的慾求　也是家人中模糊
的本質（蒙010001+家人101011）

18. 坎是相錯　明夷是藏明

需坎明夷：相需是隱藏的相坎　愛是隱藏的恨

以坎夷需：相坎是隱藏的相需　恨是隱藏的愛

需之夷坎：相愛要隱藏衝突與不滿

需坎相夷：相需是坎中的隱藏的維度　也是藏明後可以超維的原
點　愛是宇宙自隱的質心

需之坎夷：相需是發現彼此隱藏的維度　慾望是對隱藏的維度作
大力的探索（坎010010+明夷101000）

19. 渙是擴散　賁是美化

需之渙賁：相愛要給她最大的時空與自由　要常講美麗的故事

相需是定形與擴散間的拉扯　相需是渙中的賁美　也是賁中的渙
廣（渙010011+賁101001）

20. 解是解開　革是改變

需解相革：相需是對解開的革命　是對圓滿的重組

需之解革：相愛要原諒對方的錯　也輕快地改變自己（解
010100+革101110）

21. 未濟是不足　同人是化同

需之未同：相需化同不足　相愛要認同對方的期待　也期待更好
的明天

相需是不足中的認同　是認同中的缺乏與不止息（未濟010101+
同人101111）

22. 困是圍困與界定　豐是放大

需之困豐：相需是放大時發現了界定的不足　界定時發現了放大

的需要

相愛要一起守困一起豐大

相需是受困後的豐大　是豐大後的求困（困010110+豐101100）

23. 訟是相斥　離是相映

需之離訟：相需與相斥相映　有時遠離爭吵就是接近相愛（訟010111+離101101）

24. 升是升華　屯是盤旋

升屯相需：升空的鳥與盤桓的蛇是不同的類　但彼此相慕

需之升屯：相愛是心的升華與身的盤旋　也是心的盤旋與身的升華（升011000+屯100010）

25. 蠱是比賽　益是加值

需之蠱益：相需有時是賽場的對手　有時是幫忙的天使

需以益蠱：相愛是一場加值的比賽　作彼此加值的對手

相需是蠱後的相益　也是益中的交蠱

需益相蠱：製造慾求與服務幫忙是相交賽的兩方（蠱011001+益100011）

26. 井是通路　復是復原

需之井復：相需是生命的相通有無　也是萬物相愛的原貌

相愛有時一起挖一口生財的井　有時一起耍廢一起放空

相需是井通後復原　也是復原後的相通（井011010+復100000）

27. 巽是寬鬆　頤是相養的循環

頤巽爲需：相需是相養生的日常　是柔軟的體操　虛誕的幻想　給彼此最寬的空間

巽頤成需：相需是顛倒飢渴與滿足的心態　像孩子的天眞　最後是環保的生命觀

成語易經：用卦名創造成語的智慧

巽中頤需　頤中巽需：相需是空洞的胃得到頤養　也是頤中得到巽鬆的空間（巽011011＋頤100001）

28. 恆是持久　隨是跟隨

需以恆隨：相需要記得持恆地互相讚美與跟隨　是恆久後的跟隨也是跟隨後的恆久（恆011100＋隨100110）

29. 鼎是創新　無妄是平常心

需鼎無妄：相愛要調理美味般　每天創新愛的內容　當意外發生時要守著平常心

鼎妄爲需：相需是鼎高的平常心　是無妄天意下的盡人事（鼎011101＋無妄100111）

30. 大過是不凡　震是相震

過震爲需：相愛是一種不凡的共震

需之震過：愛喜歡不凡　但更嚮往簡單平凡　是歌聲　更是創造金氏紀錄的共鳴

需過相震：相需互愛與人過的孤高相震（大過011110＋震100100）

31. 逅是遇合與共生　噬嗑是咀嚼與修錯

逅噬爲需：相愛從驚艷到共生　不忘咀嚼彼此每天的心事　直到滿心芳美

噬逅爲需：相需是逅後的修正　也是噬後的相合（逅011111＋噬100101）

59. 先積後變（小畜＝111011）

萬物的變化都是循著先積後變

像水滴積到大海　是量變

但是過程中會蒸發變水氣　是質變

水氣漸積變成雲　是量變

雲積則下起傾盆大雨　是質變

萬物的行為往往先積後變　這是小畜卦的能量

1. 剝是最小的剝損　也是最後的結局　需是最大的慾求　也是每天的缺需

剝需小畜：小剝積成大缺　缺需積成剝亡　這是剝需之間的量變與質變（剝000001+需111010）

2. 大畜是積富　比是結盟與連比

　　大小畜比：最大的畜的對比是最小的畜　而連比的人脈會累積

　　然後突變成大富的人生

　　連比的文思從一個靈感積到一部巨著　訴說著積而變與小而大的

　　相連

　　小畜大比：大畜的積富會質變成統盟天下的實力（比000010+大

　　畜111001）

3. 觀是最安靜的看法　泰是最熱絡的生意

　　小畜觀泰：一個成功的看法來自一萬個賺錢的生意

　　一萬個成功的看法累積變成一個賺錢的生意（觀000011+泰

　　111000）

4. 豫是自由的移動　歡暢的誤差　乾是相抗逆

　　小畜豫乾：豫是另類的相變　與小畜卦相錯　乾逆是質變相變形

　　變的自由積累（豫000100+乾111111）

5. 晉是一切外相與知識的總合　夬是突然轉變

　　小畜晉夬：相變是外相的先積後突然轉變　靈感是知識的突然轉

　　變（晉000101+夬111110）

6. 萃是聚多而精　大有是納異而博

　　小畜萃有：精與博之間存在積與變的過程（萃000110+大有

　　111101）

7. 否是否定與拒絕　大壯是得理而進取

　　小畜否壯：否定與拒絕的關係會漸積　變成攻伐與取代的行動

　　（否000111+大壯111100）

8. 畜謙中孚：累積謙虛的行動　會變成蒼生的信賴（謙001000+中

　　孚110011）

9. 小畜艮節：累積分隔的界線　會變成人文的禮節（艮001001+節110010）

10. 小畜蹇損：累積困難旁邊的生活　會變成最簡單的大道（蹇001010+損110001）

11. 小畜漸臨：累積最謹慎的前進　會變成登臨舞台的巨星

    小畜臨漸：累積最勤快的實踐　會變成最耀眼的演化（漸001011+臨110000）

12. 畜過爲履：累積生活的細節　會變成決定命運的大道

    畜履小過：累積參數的系列　會變成人工智能的細節（小過001100+履110111）

13. 畜旅成兌：累積花心的遊旅　會找到最專情的知心

    畜兌成旅：累積對談的進程　會變成心智的探索之旅（旅001101+兌110110）

14. 畜咸成睽：累積最細微的感性　會變成最銳利的耳聰目明

    小畜睽咸：咸是線性的參數　小畜是非線性的質變　咸與小畜相對立

    畜睽成咸：累積睽分的覺知　可以形成感性的突變（咸001110+睽110101）

15. 畜遯歸妹：累積隱藏與退逃　會變成最完美的歸屬

    畜歸成遯：累積歸妹的祝福　會創造隱退的豐收（遯001111+歸妹110100）

16. 畜師家人：累積求勝的訓練　會變成同袍之義　是比家人更強的親情

    畜家成師：累積家人的團隊精神　會變成作戰的雄師（師010000+家人101011）

成語易經：用卦名創造成語的智慧

17. 畜蒙既濟：累積一問一答　會變成有問有答的滿足

　　畜濟得蒙：累積知足知止的胸懷　會變成可蒙可明的智慧（蒙
　　010001+既濟101010）

18. 坎是用交錯的線找出彼此的原點　賁是用描邊的線畫出最美的圖
　　相

　　畜坎爲賁：累積點線的交坎　會變成圖形的最美

　　畜賁成坎：累積定形的美　會找出交坎的原點（坎010010+賁
　　101001）

19. 渙是逍遙的風雲　明夷是深藏的火

　　畜夷成渙：祕密的累積變成逍遙的身心　雲淡風輕

　　畜渙成夷：渙散的累積　會變自藏的情感（渙010011+明夷
　　101000）

20. 解畜同人：解是冰的溶解　是相變　和小畜的突變類同　同人是
　　同質

　　解同小畜：而同質的累積還是同質　解開同質就是相變　萬解變
　　一同　萬同變一解（解010100+同人101111）

21. 畜未爲革：未濟是不滿與待續　累積了不滿會變成革命的大火

　　未革小畜：一萬個未濟變一次的革命　一萬次的革新變出一個未
　　濟格局（未濟010101+革101110）

22. 困是受界定的心　小畜是文思泉湧　離是相映

　　困離小畜：心的界定與文思泉湧相映

　　小畜困離：界定的累積會突變成映射的關係　離映的累積變成相
　　困的界面　萬困變一離　萬離變一困（困010110+離101101）

23. 訟是矛盾的人格　豐是自大的我

　　小畜訟豐：自大的累積變成矛盾　矛盾的累積變成自大（訟

010111＋豐101100）

24. 升是由實升虛　益是以實加實

益升小畜：升是相變　益是量變　所以兩卦加成就是小畜　萬益
變一升　萬升始於一益（升011000＋益100011）

25. 蠱是賭桌上的對局　屯是繞著操場跑

畜蠱為屯：不同的比賽　一樣的盤旋纏繞

小畜蠱屯：比賽過程是分數的累積　結局是勝負的相變

萬蠱得一屯　萬屯得一蠱（蠱011001＋屯100010）

26. 頤是一口飯　也是一個地球　井是一口井　也是一技之長

一口井可以養一村的人　一個地球可以養百億人

小畜井頤：用養的觀點看　地球是無數井的累積

小畜頤井：一口飯可以養一餐　一口井可養一輩子

一技之長是無數頤的累積　萬頤得一井　萬井得一頤（井
011010＋頤100001）

27. 巽是最鬆軟的身體　最寬容的心　復是最會還原與歸零的特質

小畜巽復：累積靠巽鬆　相變靠還原　萬巽得一復　萬復得一巽
（巽011011＋復100000）

28. 恆是數學的常數　無妄是數學的亂數

小畜恆妄：累積一樣是量變　是常數的疊加　相變產生亂數

妄恆小畜：而人生的無常很自然　自然是有常

所以恆與無妄間存在小畜的關係　萬恆得一無妄　萬妄得一恆
（恆011100＋無妄100111）

29. 鼎是創新與調理文明　隨是抄襲與跟隨信仰

小畜鼎隨：所有的創新都來自文明的抄襲

所有的抄襲都累積了信仰的調理　萬鼎得一隨　萬隨得一鼎（鼎

011101+隨100110）

30. 大過是極端值　噬嗑是刑錯

小畜過噬：大過累積引發噬嗑的修錯　修錯累積引發天才般的大過

不凡來自萬般修正　萬種大過修持一噬心（大過011110+噬100101）

31. 逅是遇合與馴化　震是震驚與共韻

小畜逅震：遇合的累積變成共韻　震驚的累積變成溫馴與共鳴

共韻的累積變成共生　愛恨也是　相震的波包含了相變與共生

萬逅而韻生　萬震而逅生（逅011111+震100100）

60. 氣正力壯（大壯＝111100）

文天祥的正氣歌感人肺腑　　正氣是心中的大有理

也是天地間的小容易

是志氣高大　　也是舉手之勞

是氣蓋山河的霸王　　也是爲長者折枝的我

用壯可以力取　　可以得理　　但更高階的用壯是用易用智

1. 剝是剝壞　　大有是容異

　　壯有互剝：大壯的缺點是歧視弱小　　所以與容納異己的大有互剝

（剝000001＋大有111101）

2. 比是連比　夬是啟動

　　大壯夬比：力壯則行動快捷　氣正則萬邦順從

　　夬比大壯：比取連結　夬取速精　壯取易得　能速連得其壯（比
　　000010＋夬111110）

3. 觀是靜觀　乾是抗逆

　　壯觀爲乾：壯者進取剛猛　而靜觀者不動如山　兩卦動靜相抗逆
　　能動能靜　能攻能守　是乾龍般的心氣　觀與大壯陰陽相錯（觀
　　000011＋乾111111）

4. 豫是悠閒輕鬆的散步　泰是最大的交換買賣

　　大壯豫泰：大壯是用最輕鬆的行動得到最多的交換

　　壯泰爲豫：壯與泰的差別在豫動　攻伐與生意的差別在一念間
　　強弱之差也在一念間

　　大壯豫泰：大壯的實力要結合自由的心與交換的格局（豫
　　000100＋泰111000）

5. 晉是最明亮的明天　大畜是最富有的過去

　　大壯畜晉：大壯是用過去的大富攻取明天的理想　也是把今日的
　　智慧變成歷史的寶藏（晉000101＋大畜111001）

6. 萃是聚集整理　需是慾求不足

　　萃需大壯：能聚集蒼生的需求　並整理他們的愛需　自然氣正力
　　壯（萃000110＋需111010）

7. 小畜是靈感與突變　否是否定的心

　　畜否大壯：可以在否境中積變的日常　用靈感突破逆境　自然是
　　大壯（否000111＋小畜111011）

8. 大壯謙歸：大壯有時是謙虛的彎腰接足地氣　有時是心痛的割捨

看重未來（謙001000+歸妹110100）

9. 艮是相安於隔絕　睽是分辨區別

　　大壯睽艮：大壯與相安隔絕相分別　大壯也是明辨是非的正氣與不擾別人的正義（艮001001+睽110101）

10. 蹇是保護河　兌是相談

　　大壯蹇兌：大壯的用強阻擋了相談交心

　　大壯有時是盡心保護弱小誓作眾生的保護河　有時是公正談判誠信不欺（蹇001010+兌110110）

11. 漸是演化　履是擇安全的路

　　漸履大壯：大壯的氣正來自溫柔漸進與謹慎選擇

　　大壯有時是溫柔勸進　有時是走化險爲夷的路（漸001011+履110111）

12. 小過是活在細節的每天　臨是登台表演的一生

　　大壯臨過：大壯是最用力的擲遠　是每天細心處事不忘君臨天下的壯志

　　大壯過臨：輕巧超越與近近相臨間存在大壯的精神（小過001100+臨110000）

13. 旅是行遠　損是簡化

　　大壯損旅：大壯是計劃最遠的探險　不忘簡化貪心的行囊（旅001101+損110001）

14. 咸是感性　節是分節

　　大壯咸節：大壯是用最敏銳的感性　遵守節韻的規矩去征服生命的樂章（咸001110+節110010）

15. 遯是退隱　中孚是同心擁抱

　　壯遯中孚：當心中懷著更高遠的信仰　大壯的方向不一定往前

成語易經：用卦名創造成語的智慧

也可退後

韓信的大壯是退讓　是忍受胯下之辱　然後擁抱一個征服天下的兵法（遯001111+中孚110011）

16. 師是訓練　豐是放大

師豐大壯：大壯不用整天攻伐　只需維持軍容壯大　是平時血汗的訓練與放大的軍威（師010000+豐101100）

17. 蒙是模糊　離是相映

大壯離蒙：大壯是對善惡是非不明的攻伐　也是用心繁衍身邊的美好（蒙010001+離101101）

18. 坎是交錯　革是改變

大壯坎革：大壯是面對困難時輕巧的變化　也是隨時用超維的思考改變自己（坎010010+革101110）

19. 渙是擴散　同人是化同

大壯同渙：大壯是病毒的擴散與傳播　所以與渙化同

同人壯渙：化同也是一種攻伐　是統合的戰火無邊地擴散（渙010011+同人101111）

20. 解是解開　明夷是藏明

大壯解夷：大壯的心善於諒解他非　更善於埋藏苦痛

心智的大壯是解開神祇的祕密　征服天下人的無知（解010100+明夷101000）

21. 未濟是守戒　賁是美化

壯賁未濟：修道者的大壯是持戒　用缺乏當作人生最美的到達（未濟010101+賁101001）

22. 困是用困　既濟是調和知足

困壯既濟：周文王的大壯是圓滿人生的困境

當他被拘禁在羑里的牢中　生死未卜之境　也能圓滿演譯易經的六十四卦（困010110+既濟101010）

23. 訟是相訟　家人是相惜的組合

壯訟家人：用壯欺弱與用訟爭勝是一家人

大壯家訟：把相訟的仇人當家人　在矛盾中尋思真理　化相訟為相惜　更是心氣的大壯（訟010111+家人101011）

24. 震是有仇必報　是氣韻　升是升華　也是往生到冥境

震升大壯：把報仇的心升華是大壯

升華心存美妙的氣韻　也是人神共鳴的大壯（升011000+震100100）

25. 蠱是賽局　噬嗑是修錯

噬蠱大壯：在人生的賽局中　戰鬥取勝是小壯　戰鬥中不忘修身行善是大壯（蠱011001+噬100101）

26. 井是相通的泉井　隨是心的相隨

大壯井隨：與神相隨的信心加上廣通天地的善　是大壯（井011010+隨100110）

27. 巽是寬與柔　無妄是天意

大壯妄巽：無妄的大壯把無常的天變成有常的寬鬆人間

巽的大壯把不能容忍的命運變成可以接受的日常

大壯巽妄：最寬柔的胸懷有一顆最無畏的心　是大壯（巽011011+無妄100111）

28. 恆是最久遠的時間　復是最初的本心

大壯恆復：大壯是可輕易穿梭恆久時空與復原最初本心的智慧

大壯恆等復原本心（恆011100+復100000）

29. 鼎是最高的文明　頤是最環保的生態觀

鼎頤大壯：大壯是兼顧文明與環保的行動（鼎011101+頤100001）

30. 大過是不凡與超越　屯是盤旋

大壯屯過：大壯是不自私而能耐心盤旋的不凡（大過011110+屯100010）

31. 姤是共生與遇合　益是互利

大壯姤益：大壯是與善良共生　活出互利的人生

是與天使天天的互訪（姤011111+益100011）

61. 多元異化（大有=111101）

心智的發展先認同　後異化

心智成長的方向朝多元與異化

一如宇宙基本粒子的種類與天體

從單一的大爆發開始　也往品類繁多的方向

易經說　天佑大有　神喜歡多元異化　都是大有卦的能量

1. 剝是剝亡　大壯是單一的強壯　大有是多元的美麗

   壯剝則有：當恐龍剝亡後　地球的物種開始多元發展（剝000001+大壯111100）

2. 比用類比　乾是相抗逆

   比乾大有：比的類比與大有的化異相錯相抗逆（比010000+乾

111111）

3. 觀夬大有：觀想世界是個多元宇宙　隨時有新世界的爆發（觀000011+夬111110）

4. 大畜是積富　像記憶體的全記錄　豫是誤差與意外事件
畜豫大有：記憶中的事實與偏差都製造了大有的世界（豫000100+大畜111001）

5. 晉是唯一的標準　泰是不斷的交換
晉泰大有：唯一的標準經過不斷交換後製造了多元大有（晉000101+泰111000）

6. 萃是聚多　小畜是突變
萃畜大有：物種的多樣來自聚多的突變（萃000110+小畜111011）

7. 生命的相需是一個大有世界　否逆的環境也是
需否大有：生命在需要與不需要之間　否逆與強弱之間　創造了大有的變異（否000111+需111010）

8. 謙睽大有：謙是以眾生為主人　睽是歧視別人　兩者之間存在最大的異化
謙有相睽：謙是眾生公平　大有是天生不同　謙與大有存在對立的關係（謙001000+睽110101）

9. 大有艮歸：艮是安分守己過一生　歸妹是準備割捨親人嫁去遠方　兩者大異彼此（艮001001+歸妹110100）

10. 蹇履大有：蹇是無法前進的險　履是跛了腿也要向前的道　兩者大異　兩者可以編織大有的故事（蹇001010+履110111）

11. 漸兌大有：漸是放慢的轉進　兌是不停的對談　兩者創造了多元的話題（漸001011+兌110110）

12. 損過大有：精小的世界也藏著大有　用減法美化的世界也是
增加細節與去細節的簡化之間充滿大有（小過001100＋損
110001）

13. 旅臨大有：旅遠與臨近兩者大異　用旅求遠與用臨求近可以製造
遠近的大有（旅001101＋臨110000）

14. 咸孚大有：咸的敏感與中孚的誠信相異
用咸的人性與中孚的神性交疊　可以創造心與靈之間的大有（咸
001110＋中孚110011）

15. 遯節大有：退逃隱藏的方法很多元　用節分段與連結的方法很多
樣
退隱與分節可以創造大有若隱若現的節韻（遯001111＋節
110010）

16. 師離大有：師是治軍的化一　離是相映的二　兩者生大有
師有相離：化一與化異是相映的兩個世界（師010000＋離
101101）

17. 蒙的模糊製造暗的大有　豐的放大製造明的大有
蒙豐大有：既蒙又豐的世界可製造明暗的大有（蒙010001＋豐
101100）

18. 坎是多維的矩陣　大有是多元的世界
坎同大有：所以多維的坎化同多元的大有
同有相坎：化同與化異是心的交坎（坎010010＋同人101111）

19. 渙是水的渙散潰堤　革是火的聚焦除異
渙革大有：兩者相異並創造水火成災的大有（渙010011＋革
101110）

20. 解是脫去束縛　賁是穿上美服

成語易經：用卦名創造成語的智慧

解賁大有：脫與穿的行動類比畫與擦的美術

解與賁可以創造大有的美麗（解010100+賁101001）

21. 未夷大有：未濟是尚未發生的未來　明夷是尚未出土的過去

兩者大異且創造大有（未濟010101+明夷101000）

22. 困是流水聚成冰封的世界　家人是明火組合最美的團隊

困家大有：困是最小的界定　是數學的群運算　家人是化學的組

合　兩者大異且創造大有（困010110+家人101011）

23. 訟濟大有：訟是相爭不和　既濟是調和滿意　兩者相異且創造大

有（訟010111+既濟101010）

24. 升噬大有：升是一條河蒸發變成一朵雲　噬嗑是一塊肉消化變成

胺基酸

兩者大異且創造大有（升011000+噬100101）

25. 蠱震大有：蠱是擂台上生死相搏的對手　震是舞台上有說有笑的

雙簧　兩者大異且創造大有

蠱有相震：蠱淘汰別人　大有接納眾人　蠱與大有存在相震的關

係（蠱011001+震100100）

26. 井妄大有：井的大有是解世人的渴　無妄的大有是眾生命運的無

常　兩者大異且創造大有

有妄相井：大有的多元與無妄的難測彼此相通（井011010+無妄

100111）

27. 巽隨大有：巽的大有是風中的柳枝鬆柔多姿　隨的大有是緊密跟

隨的倫理秩序

兩者大異且創造大有　狂想的風與相隨的順序創造了大有的世界

（巽011011+隨100110）

28. 恆頤大有：恆是累積最長的時間　頤是有正有反的循環　兩者相

異也創造大有

恆是時間的最長　頤是圓轉的最大　最久與最大提供了大有的環境（恆011100+頤100001）

29. 鼎復大有：鼎是創新營高　復是還原回低　兩者大異且營造高與低的大有（鼎011101+復100000）

30. 過益大有：大過是唯我獨尊的獨夫　益是見人就幫的天使　兩者大異且創造大有

過有相益：大過的不凡加值了大有的精采　大有的多元加值了大過的廣度（大過011110+益100011）

31. 姤屯大有：姤是慧星撞地球　是毀滅的事件　屯是安定的天體　是生命的盤旋

兩者大異且創造了有生有死的大有

大有姤屯：姤是牙縫中共生的細菌　屯是擁舞的日月　兩者大異且創造了宇宙的大有（姤011111+屯100010）

成語易經：用卦名創造成語的智慧

62. 啟動爆發（夬=111110）

宇宙開始於一個大爆炸

用最快的速度創造時空與萬物

所以夬卦是啟動爆發　是最快的開啟

用一秒去作一億年的事　也是用一刹那去啟動永恆

都是夬卦的能量

1. 剝是結局　乾是抗逆　夬是啟始

   剝夬爲乾：剝與夬兩卦相錯　而乾是沒有開始與結局的原生天

   開啟與結束相抗逆（剝000001+乾111111）

2. 比是連比天下　大壯是氣壯山河

   夬是無中生有的最快　是以一啟動一萬的設計

比夬大壯：用一個連比的口號可以啟動一萬個大壯的呼應

壯夬萬比：用一個大壯的實力可以啟動一萬個連比結盟

夬之壯比：一萬的一萬是一億　夬是由一而一億的極大比率

（比000010+大壯111100）

3. 觀夬萬有：一種觀想啟動一萬種大有的狂想

有夬萬觀：而每種大有的求異心也啟動一萬種觀想（觀000011+大有111101）

4. 豫是無中生有的快樂　需是無中生有的需求

豫夬萬需：一種豫樂生萬種需愛

需夬萬豫：一種需求生萬種快樂（豫000100+需111010）

5. 晉是理想與巨星　小畜是突變與靈感

晉夬萬畜：一個巨星激發萬種靈感

畜夬萬晉：一種靈感激發萬種理想（晉000101+小畜111011）

6. 萃是心思的密集結晶　泰是熱絡的交換與生意

萃夬萬泰：一種萃聚結晶的心開發萬種順泰的生意

泰夬萬萃：一種順泰的生意開發萬種萃聚的人們（萃000110+泰111000）

7. 否是否定與絕滅　大畜是累積與大富

否夬萬畜：一否亡開發了萬種大畜的生機　這是恐龍滅絕後的世界

畜夬萬否：一大畜也開發了萬種否滅的後果　這是人類興盛後的世界（否000111+大畜111001）

8. 謙是以高求眾　兌是對等的相談

謙夬萬兌：一謙心啟發了萬種相兌的熱誠

兌夬萬謙：一兌談也啟發了萬種謙懷（謙001000+兌110110）

成語易經：用卦名創造成語的智慧

9. 艮是各安性命的隔絕　履是各擇前程的命運

艮夬萬履：一艮絕開啟了萬種履道

履夬萬艮：一履道開啟了萬種艮絕（艮001001+履110111）

10. 蹇是阻渡的大河　歸妹是迎歸未來

蹇夬萬歸：一蹇阻開啟了萬種歸心

歸夬萬蹇：一歸妹開啟了萬種蹇阻　心要歸一開創了層層的保護
（蹇001010+歸妹110100）

11. 漸是最慢的演化　睽是最聰明的分別

漸夬相睽：漸慢與快決是最明顯的分別

漸夬萬睽：一漸進開啟了萬種分睽　在演化的路上物種不斷地分
道揚鑣

睽夬萬漸：一睽分開啟了萬種漸進　一次的二元對分讓心不斷地
演進　譬如陰與陽（漸001011+睽110101）

12. 小過是最小的超過　節是分段後的連結點

過夬萬節：一小過開啟萬種細節

節夬萬過：一節點開啟了萬種微調與通過（小過001100+節
110010）

13. 旅是身心的行遠　中孚是天地同心

旅夬萬孚：一旅開啟萬種中孚　天地與我同心又同旅也

孚夬萬旅：一中孚開啟萬種旅　信神之旅也（旅001101+中孚
110011）

14. 咸是感性感動　臨是接近實踐

咸夬萬臨：一咸開啟萬種臨近　感覺的觸發開啟身心的到達

臨夬萬咸：一臨開啟萬種感動　身心的到臨開啟無數感動（咸
001110+臨110000）

15. 遯是退讓與收割　損是簡化
    遯夬萬損：一遯開啟萬種損　退讓簡化了萬種障礙
    損夬萬遯：一損開啟萬種遯　簡化的心讓人收割豐富（遯
    001111+損110001）
16. 師是訓練作戰　革是變革除舊
    師夬萬革：一師開啟萬種革變　作戰的心開啟萬種人生的變革
    革夬萬師：一革開啟萬種師　時代變革開啟萬種訓練（師
    010000+革101110）
17. 蒙是是非不明　同人是同異不分
    蒙夬萬同：一蒙開啟萬種同人　心不求甚解可啟萬種認同
    同夬萬蒙：一同人開啟萬種蒙　一種同理心可以開啟萬種你我不
    分（蒙010001+同人101111）
18. 坎是多維思考　豐是自我放大
    坎夬萬豐：一坎開啟萬種光的放大　多維的思考放大了自我的世
    界
    豐夬萬坎：一豐開啟萬種坎　理性自我放大開啟了萬維的坎錯
    （坎010010+豐101100）
19. 渙是擴散與稀釋　離是相映與複製
    渙夬萬離：一渙開啟萬種離　一次的瘟疫擴散開啟萬種病毒的複
    製
    離夬萬渙：一離開啟萬種渙散　一種複製開啟了萬種擴散（渙
    010011+離101101）
20. 解夬萬濟：一解開啟萬種既濟　一次的諒解開啟萬種的滿足
    濟夬萬解：一既濟開啟萬種解　一種調和心開啟萬種解法（解
    010100+既濟101010）

21. 未夬萬家：一未濟開啟萬種家人　一種缺點開啟萬種完美的思維

　　家夬萬未：一家人開啟萬種未濟　一種完美的要求開啟萬種不足

　　（未濟010101＋家人101011）

22. 困夬萬夷：一困開啟萬種明夷　一種自困心開啟萬種無知之境

　　夷夬萬困：一明夷開啟萬種困　一種守秘欺騙開啟萬種困境（困
010110＋明夷101000）

23. 訟夬萬賁：一訟開啟萬種賁　一種矛盾衝突開啟萬種賁美創作

　　賁夬萬訟：一賁開啟萬種訟　一種賁美心開啟萬種矛盾張力（訟
010111＋賁101001）

24. 升夬萬隨：一升開啟萬種跟隨　一次的升華開啟萬種跟隨之道

　　隨夬萬升：一隨開啟萬種升　一種相隨心開啟萬種靈升之道（升
011000＋隨100110）

25. 蠱夬無妄：一蠱開啟萬種無妄　一種賽局開啟萬種無常的可能

　　妄夬萬蠱：一無妄開啟萬種蠱　一種平常心開啟萬種無畏的賽局
（蠱011001＋無妄100111）

26. 井夬萬震：一井開啟萬種震　一種通路開啟萬種共鳴

　　震夬萬井：一震開啟萬種井　一種共頻之波開啟萬種井通之路
（井011010＋震100100）

27. 巽夬萬噬：一巽開啟萬種噬嗑　一種寬鬆開啟萬種修錯的需要

　　噬夬萬巽：一噬開啟萬種巽　一種以錯修錯開創了萬種紛亂（巽
011011＋噬100101）

28. 恆夬萬屯：一恆開啟萬種屯　一種守恆開啟萬種盤旋的天體

　　屯夬萬恆：一屯開啟萬種恆　一種盤旋的動靜開啟了萬物的恆常
（恆011100＋屯100010）

29. 鼎夬萬益：一鼎開啟萬種益　一種鼎新的事業開啟萬種幫助的人

才

益夬萬鼎：一益開啟萬種鼎　一種幫忙合作開啟萬種鼎新文明
（鼎011101+益100011）

30. 過夬萬復：一大過開啟萬種復　一次的天災人禍開啟萬種修復
復夬萬過：一復開啟萬種大過　一種還原心開啟萬種不凡心（大
過011110+復100000）

31. 姤夬萬頤：一姤開啟萬種頤　一種相近之緣開啟萬種頤養生態
頤夬萬姤：一頤開啟萬姤　一個大生態開啟萬種共生機緣
頤之姤夬：頤是一生一滅的循環　　夬是由一生萬　速度是頤
的萬倍　但頤多了自在與悠長　是姤與夬的合體（姤011111+頤
100001）

63. 相錯與抗逆（乾＝111111）

萬物存在相錯抗逆的關係

水與火相錯抗逆　或說相生相剋

天與地也是　天剛地柔　天逆地順　天尊地卑

雷與風也是　雷下擊地　風由地而升　雷進取而風退讓

雷疾而風鬆

山與澤也是　山靜高而澤沉低　山遠而澤近　山得界而澤捨末

乾卦是純陽之卦　是抗天的意志　也是不服輸的人性

是如龍的大能力　是超人般的聖哲

乾卦與坤卦相錯　坤卦是如馬的溫順　是大地般的慈母

是無盡的時空

相錯的兩卦相碰撞後都變成乾卦　彼此相錯而抗逆　如詩如畫

1. 剝是結局與剝壞　夬是啟動與開創　兩卦相錯也相生
   剝夬相乾：剝盡就是開創　開創就是剝盡（剝000001+夬111110=
   乾111111）

2. 比卦以一連萬　大有卦以一生萬
   比乾大有：比卦是大一統的結盟　造就萬國向心的盛世
   比以一陽統五陰　大有以一陰納五陽　正是陽陰的統治學（比
   000010+大有111101）

3. 觀是遠觀遙想　大壯是進攻力取
   乾觀大壯：壯闊之觀　可吞星河
   以觀代壯　百家爭鳴　不用刀槍　而以理辯道　如詩如畫（觀
   000011+大壯111100）

4. 豫是順動　是流體力學　是統計學的誤差　是歡樂的心
   小畜是積小量變　是質變　突變　是靈感　是概率學
   豫畜相乾：兩卦相融合　是流體力學中的概率學　是非線性的統
   計學
   是講不完的笑話集　是如詩如畫的靈感（豫000100+小畜
   111011）

5. 晉需相乾：晉是知與無知的對比　是唯一的太陽　是巨星與眾生
   關係
   需是酒食之需　是慾求　是無所不在的吸引力　是愛與被愛
   兩卦合一　是巨星與眾生的相需　是巨星的七情六慾
   有名與無名的相慕　也是酒食中米奇林　是相愛的**轟轟**烈烈（晉
   000101+需111010）

6. 大畜萃乾：萃是聚集與結晶化　大畜是記錄與無所不在的雲端世
   界

成語易經：用卦名創造成語的智慧

兩卦合一　把最大的記憶納入最小的晶格中

是台積電的奈米世界（萃000110+大畜111001）

7. 否泰爲乾：否是否定與絕境　泰是順泰與生意旺盛

兩卦合一　是否極泰來　是大通泰否的靈通（否000111+泰111000）

8. 謙履爲乾：謙是求低求均的公平心　履是求安的擇路心

兩卦合一　是以眾生之道爲王道　爲眾生的坦坦大道而汲汲營營（謙001000+履110111）

9. 艮兌爲乾：艮是隔絕不交　兌是誠實交談

兩卦合一　是與萬物交談　與先聖或未來交談

也是交談後的各安天命（艮001001+兌110110）

10. 蹇睽爲乾：蹇是保護的河　也是共患難的河民　睽是愛分別的對立心

兩卦合一　是把會氾濫的河築起高高的堤防　把會乾涸的河建起蓄水的壩

也是把受歧視的人們找到庇護（蹇001010+睽110101）

11. 漸歸爲乾：漸是最慢的演化　歸妹是最痛的割捨與大歸未來

兩卦合一　是長期計劃妹妹出嫁這件大事　融合慢進與決心的態度

也是把長遠的決心化成每天的功課（漸001011+歸妹110100）

12. 過孚成乾：小過是人生最小的一步　事情的細節　中孚是人生最長的信仰　最默契的同心

兩卦合一　是用最細心溫柔去敬奉神的信仰

也是把神的教誨放進每件小事的細節中（小過001100+中孚110011）

13. 旅節成乾：旅是遠行　是用心看美麗的世界　節是縮小時空與困
　　難　用分節來簡化生活
　　兩卦合一　是把最長的旅程分成美麗有轉折的情節
　　也是用分節的四季來渡過一生　用節奏的心演奏生命之曲（旅
　　001101+節110010）

14. 咸損成乾：咸是最微細的感官能力　損是減法的人生　簡化的哲
　　學觀
　　兩卦合一　是五蘊皆空的修道　也是在簡化中感受最美的到達
　　（咸001110+損110001）

15. 遯臨爲乾：遯是退後與豐收　臨是接近與登台
　　兩卦合一　是即早作退休的實踐　即早豐收的成果　也是登臨常
　　人看不見的王位（遯001111+臨110000）

16. 師同爲乾：師是作戰與訓練　同人是化同天地萬物
　　兩卦合一　即早訓練作戰的團隊爲天下大同盡心力
　　也是在天地萬物間學習無所不在的兵法（師010000+同人
　　101111）

17. 蒙革爲乾：蒙是扭曲是非　是無窮的問答　革是變形的天地　隨
　　時改變的心意
　　兩卦合一　是個魔術家　把生活變成日新又新的是非問答與輕快
　　的無中生有（蒙010001+革101110）

18. 坎離成乾：坎是多維交錯的人生　離是複製與相映的生生不息
　　兩卦合一　是數學的從單點變向量變矩陣
　　也是在矛盾的十字路口學習生生不息的生意
　　在充滿抄襲複製的世界尋找衝突的原點（坎010010+離101101）

19. 渙豐成乾：渙是擴散　豐是放大

兩卦合一　作一支放大光明的燈塔　同時擴散關懷到最遠的國度
稀釋苦痛的同時　放大彼此的善意　作一個可散可大文思泉湧的
詩人（渙010011＋豐101100）

20. 解家成乾：解是分解中的世界　家人是組合中的美麗
兩卦合一　是可解可組的化學世界　是可解決各種需求又格局完
美的設計
是團隊組織的有機演變（解010100＋家人101011）

21. 未濟乾既：未濟是未知與不足　既濟是已知與滿足
兩卦合一　是用有形的守缺持戒修無形的知足無求
用調和的已知收納無窮的未知（未濟010101＋既濟101010）

22. 困賁相乾：困是受困的身心　賁是得到邊框的美麗
兩卦合一　是將受困的身心畫成美麗的畫與寫成美麗的故事
是用返璞歸真的美困住自己追求俗美的心（困010110＋賁
101001）

23. 乾訟明夷：訟是矛盾相爭　明夷是真假相藏
兩卦合一　是用矛盾的反證找出隱藏的真理
用善意的隱藏代替無謂的爭訟（訟010111＋明夷101000）

24. 乾升無妄：升是升華與往高求虛　無妄是平常心與無畏前進
兩卦合一　是用來世的因果修今生的無畏無怨
用無常的命運修習神佛之道（升011000＋無妄100111）

25. 蠱隨為乾：蠱是挑戰與賽局　隨是跟隨與讚美
兩卦合一　是在挑戰中尋找跟隨的心
在讚美對手中提升戰鬥力（蠱011001＋隨100110）

26. 井噬為乾：井是通路　是分享　噬嗑是修錯　是消化
兩卦合一　是用打通蒙蔽來看清與用細嚼是非來取真

是醫生兩種診斷疾病的功夫

也是網路世界的建立平台與防毒的兩項成果（井011010＋噬100101）

27. 巽震為乾：巽是最寬鬆與容量　震是最持久的共振

兩卦合一　是通訊世界最大的頻寬　也是波韻世界的百家爭鳴（巽011011＋震100100）

28. 恆益為乾：恆是持恆的常態　益是幫助的加法

兩卦合一是　長長久久的幫助一件事　也是給人更多的時間空間讓他更幸福（恆011100＋益100011）

29. 鼎屯為乾：鼎是創新與建高　屯是盤旋的天體萬物

兩卦合一是　用創新的心走盤旋的人生　用盤旋的持恆建造更高的文明（鼎011101＋屯100010）

30. 頤乾大過：大過是最大的超過與極端　頤是最大的圓與生命鏈

兩卦合一是　兼顧生態的保護與人類的發展　是從能量輪迴的環保觀跳出　變成智能突破的宇宙觀（大過011110＋頤100001）

31. 姤復為乾：姤是緣遇與共生　復是還原與歸零

兩卦合一是　緣生復滅與緣滅復生的循環　是毀滅與再生　碰撞與歸零的交纏

是與天使相遇時找回初心（姤011111＋復100000）

64. 柔順與大無（坤=OOOOOO）

坤卦在碰撞的運算中是一個零元素

任何卦與它碰撞後還是自己　沒有任何改變

像真空一樣的存在

在易經中它代表最柔順的時空

供萬物任意地占有　使用　驅動　命令　改變

它是一匹馬　讓人騎　幫人載物

它是母親　無條件地愛我們

它是眾生　聽從領導與教化

它是空無　擁抱我們又不干擾

它的最柔如霜　但經過踩踏後又能變成最硬的堅冰

它是溫馴的馬　但為了保護我們　又能隨時犧牲自己來戰鬥

它是包含一切的虛空　是等待我們寫詩的白紙
也是一切的地母　從無而創造衆多的厚土

1. 剝剝爲坤：剝壞了結局　復歸虛無的坤

2. 比比爲坤：親比又連盟　變成衆多的坤

3. 觀觀爲坤：萬觀之上的靜觀　復歸一場空想

4. 豫豫爲坤：自由的心說他不自由的自由　最後自由也失去了自己

5. 晉晉爲坤：唯一的太陽發現了另一個太陽　同時失去了唯一

6. 萃萃爲坤：萬物聚集後形成結晶　結晶再結晶　變成衆多的結晶
   也是坤

7. 否否爲坤：否定的否定　變成沒有否定

8. 謙謙爲坤：謙低再謙低　變成大地一般的平坦

9. 艮艮爲坤：隔絕了隔絕　變成沒有隔絕

10. 蹇蹇爲坤：阻擋了阻擋　變成沒有阻擋

11. 漸漸爲坤：時間的漸逝再漸逝　最後還是沒有漸逝

12. 小過過坤：糾纏的細節當下再糾纏　變成沒有糾纏沒有細節

13. 旅旅爲坤：行遠再行遠　變成沒有行遠

14. 咸咸爲坤：刹那中的刹那　變成沒有刹那

15. 遯遯爲坤：退隱的退隱　變成沒有退隱

16. 師師爲坤：訓練的訓練　變成服從的服從　服從的服從　變成最
    柔順的服從

17. 蒙蒙爲坤：不明白的不明白　變成不知道明不明白

18. 坎坎爲坤：垂直的垂直　變成許多垂直或沒有垂直

19. 渙渙爲坤：用渙的角度看渙　變成沒有渙

20. 解解爲坤：用解的角度看解　變成沒有解

  成語易經：用卦名創造成語的智慧

21. 未未濟坤：用缺的角度看缺　變成沒有缺

22. 困困爲坤：界定再界定　變成無所不在的界定　像坤的界定

23. 訟訟爲坤：矛盾的矛盾　變成沒有矛盾

24. 升升爲坤：升華的升華　變成沒有升華

25. 蠱蠱爲坤：淘汰了淘汰　變成沒有淘汰

26. 井井爲坤：通路中的通路　變成到處通路　像空氣一樣坤的通路

27. 巽巽爲坤：寬鬆再寬鬆　變成坤般的混沌

28. 恆恆爲坤：長久再長久　變成坤般的忘記長久

29. 鼎鼎爲坤：創新的世界看創新　變成慈母般眼中長高的孩子們

30. 大過過坤：極端中看極端　變成沒有極端

31. 逅逅爲坤：共生再共生　變成坤地般滿地的共生

32. 復復爲坤：還原的還原　變成沒有還原

33. 頤頤爲坤：相養相被養　就是坤母的皆養

34. 屯屯爲坤：盤旋再盤旋　就是無所不在爲我們盤旋的萬物

35. 以益坤益：用感恩的心順服於天使的幫忙

36. 以震坤震：用共鳴的心順服於波動的氣韻

37. 以噬坤噬：用修正的心順服於修正的行動

38. 以隨坤隨：用讚美的心順服於跟隨的衆生

39. 以妄坤妄：用平常心順服於無常的天意

40. 明夷坤夷：用藏眞的心順服於眞假不分的世界

41. 以賁坤賁：用美化的心順服於賁美的行動

42. 以濟坤濟：用滿足的心順服於調如的行動

43. 家家爲坤：組合後的組合　相惜中的相惜　變成大地般無所不在的組合與相惜

44. 以豐坤豐：用豐的行動順服於豐的理想

45. 以離坤離：用相映的心馴化相複製的行動

46. 以革坤革：用除舊的心馴化改革的行動

47. 以同坤同：用大同的心蘊育化同的行動

48. 以臨坤臨：用表演的行動蘊育淋離盡致的修爲

49. 以損坤損：用損己的願意包容求無的理想

50. 以節坤節：用節約的自己慈愛用節的衆生

51. 以孚坤孚：用相信的心慈愛相信的衆生

52. 歸妹坤歸：用割捨的心慈愛歸依的來生

53. 以睽坤睽：用明辨的心慈愛睽離的衆生

54. 以兌坤兌：用交疊的心包囊相談的衆生

55. 以履坤履：用選擇的心護持衆生的選擇

56. 以泰坤泰：用交換的熱情護持衆生的交換

57. 大畜坤畜：用記憶的心包容衆生的歷史

58. 以需坤需：用相需的心承載衆生的需求

59. 小畜坤畜：用積變的心承載衆生的積變

60. 大壯坤壯：用壯大的進取承載衆生的進取

61. 大有坤有：用多元的心承載多元的衆生

62. 以夬坤夬：用果決的行動護持決斷的王道

63. 以乾坤乾：用勝己的行動順服勝天的抱負

64. 以坤坤坤：用無限的慈愛護持順服的衆生

四卦合一的易卦成語

　　以上的成語都是由三卦合成的成語，而把任一卦再用運算的方法拆成二卦，就可以變成四卦合一的成語。以下是我的舉例。

剝艮為謙：自私心的剝壞就是兼顧彼此利益的謙道（剝000001+艮001001）

比蹇為謙：謙道是對蒼生的領導與保護（比000010+蹇001010）

合成之後為

剝艮比蹇：謙道以蒼生為懷　要剝除自私心　同時領導眾生　保護萬物

觀蹇成艮：觀察身邊的險阻可以找到長久相安的方法（觀000011+蹇001010）

以艮豫旅：相安的心製造個人的順動　也促成人生之遠旅（豫000100+旅001101）

合成之後為

觀蹇豫旅：相安的心用遠觀來相護　如此讓遠旅之行自由輕快

蹇解大過：能化蹇為解的人定是不凡的英雄（解010100+大過011110）

蹇頤家人：共蹇的環境可以培養家人般的親情（頤　100001+家人　101011）

合成之後爲

解過頤家：用蹇之道可以尋找不凡的生命力　把生態萬物化爲家
　　　　　人的親情

渙升相漸：渙可成群　升以求空　彼此演化（渙010011＋升
　　　　　011000）

漸之解逅：或解散或逅合　是共生體中最緩慢的演化（解
　　　　　010100＋逅011111）

合成後爲

渙升解逅：演化之道是生命的擴散與升華　也是共生關係的解開
　　　　　與逅合

以升過解：諒解的過程要先提升心的高度（解010100＋升
　　　　　011000）

過蠱未濟：蠱賽的細節是發現自己的不足　細節可以淘汰缺失
　　　　　（未濟010101＋蠱011001）

合成後爲

升解蠱未：小過之道在細節中升華與諒解　在比賽中發現不足

困巽成旅：困是界定　巽是沒有邊界　心在範圍的有無間旅行
　　　　　（困010110＋巽011011）

以旅井訟：眞理之旅起於訟爭而終通乎天地（訟010111＋井
　　　　　011010）

合成後爲

困巽井訟：遠旅之道在調節心界的寬與緊　通達或矛盾

咸以復革：感性是不斷還原與變革的生命力（復100000＋革101110）

咸同相頤：感性在化同的世界鈍化　化同是感性的顛倒（頤100001＋同人101111）

合成後爲

復革同頤：感性的生命讓我們不斷改變與還原自己　在同異的認知間循環

遯乃咸剝：遯隱不是不存在　只是覺察不到（剝000001＋咸001110）

遯節大有：節的世界隱藏著大有的多元　大有的世界隱藏著迷人的情節（節110010＋大有111101）

合成之後

剝咸節有：用遯之道在剝除敏感　節約貪有

師善遯姤：善戰者善留退　能隱能慢　先共生再取代的謀略（遯001111＋姤011111）

善師復臨：善戰者善於休復　也能親臨戰陣　與士卒同進出（復100000＋臨110000）

合成之後爲

遯姤復臨：善師之道隱其形於共生共利　迅於復原　勇於親臨

蒙以塞巽：模糊的心既寬又柔　既阻外又護內（塞001010＋巽011011）

蒙離大壯：蒙昧不清的哲學與理直氣壯是心心相映的兩方（離

101101+大壯111100）

合成之後為

蹇巽離壯：用蒙之道要保護心的遙想　遠離理直氣壯

咸恆相坎：咸是剎那間的感性　恆是久長不變的理性　兩者相習
　　　　　相坎（咸001110+恆　011100）

遯鼎相坎：坎是用投資等待豐收與用經營創業的相乘（遯
　　　　　001111+鼎011101）

相合之後為

咸恆遯鼎：垂直思考的心在剎那中尋找長久　在退場後創新營高

復渙中孚：還原渙散的信心就是與神同心（復100000+中孚
　　　　　110011）

渙節相頤：要修靈的生命要用擴散與節縮　兩者像四季中輪轉的
　　　　　智慧　（頤100001+節110010）

合成之後為

復孚節頤：用渙之道還原與神的互信　顛倒縮節的痛苦

以萃解坎：萃的秩序相安可以解開十字路口的阻塞

謙解以恆：謙下與放下可以養恆留長

合成之後為

萃坎謙恆：用解之道整理十字路口的秩序　兼顧變化與守恆

蠱過未濟：未濟是有限的細節中無限的比賽　有限的比賽中無限
　　　　　的細節（小過001100+蠱011001）

成語易經：用卦名創造成語的智慧

旅升未濟：未濟是有限的旅程中無限的升華　有限升華後無限的
　　　　　旅程（旅001101＋升011000）
合成之後爲
蠱過升旅：未濟用缺之道淘汰過多的細節　升華過遠的行程

以困恆蹇：困是長久的阻隔　也是恆定的保護（蹇001010＋恆
　　　　　011100）
漸困成鼎：從界定中漸漸演化出創新的意涵　正是文明的新（漸
　　　　　001011＋鼎011101）
合成之後爲
恆蹇漸鼎：用困之道防護守常之心　發展創新文明

遯升相訟：遯是退得實與升的進得虛相訟（遯001111＋升
　　　　　011000）
屯睽相訟：屯在拉扯中不離不棄　睽在分別中對立　兩者相訟
　　　　　（屯100010＋睽110101）
合成之後爲
遯升屯睽：相訟之道遯虛升實　屯旋而進　睽分而明　皆因對訟
　　　　　而強

升之漸渙：行動的升高是從平面上的暈開進化到風中的擴散（漸
　　　　　001011＋渙010011）
升之解過：解脫是糾纏的升華　細節是理解的升華（小過
　　　　　001100＋解010100）
合成之後爲

漸渙解過：升華之道先發展後擴散　先糾纏再解放

升剝爲蠱：競賽讓勝者升階　一直到最後盟主出現是結局（剝
　　　　　000001+升011001）
蹇渙相蠱：蠱是病毒的擴散力與宿主的阻隔保護力間的作戰（蹇
　　　　　001010+渙010011）
合成之後爲
升剝蹇渙：賽局之道升階而王　蹇護除渙

謙井交坎：謙求廣施與井求通深　兩者方向垂直交坎（謙
　　　　　001000+井011010）
蹇井爲師：善兵者善水之道　以蹇拒敵　以井通天下之源（蹇
　　　　　001010+師010000）
合成之後爲
坎謙師蹇：通井之道以精深取代謙廣　以訓練貫穿蹇阻

以巽益泰：彈性是施與受的熱烈交換（益100011+泰111000）
巽震相乾：震的彈性是安靜　乾的彈性是認輸　巽是安靜地認輸
　　　　　（震100100+乾111111）
合成之後爲
益泰震乾：用巽的彈性是從利他到獨贏　從共鳴到抗逆

剝鼎爲恆：持久是剝壞與創新的總合（剝000001+鼎011101）
觀逅爲恆：逅是遇合與共生　不同觀想的遇合共生才能讓心長久
　　　　　和諧

成語易經：用卦名創造成語的智慧

合成之後爲

剝鼎觀姤：守恆之道以創新治剝壞　以續觀納姤遇

以鼎師旅：創新文明的高度是一種作戰的行遠　求新求高的作戰
　　　　　之旅（旅001101+師010000）

以鼎渙咸：營高的文明會自然擴散　像病毒會傳播　傳播文明的
　　　　　感動（咸001110+渙010011）

合成之後爲

師旅渙咸：烹調之道在兼備守律與探索　擴大感性

大過旅渙：大過是用心的閱讀來行遠　用善良的傳播來擴散（旅
　　　　　001101+渙010011）

大過師咸：大過是有堅實的訓練　又有敏感的覺知　是金牌選手
　　　　　的必要條件（咸001110+師010000）

合成之後爲

旅渙師咸：大過不凡之道要能行遠傳播　堅毅敏銳

夬姤相頤：頤是更大的循環共生　是從姤的遇合開始啟動一連串
　　　　　的共生的生態（頤100001+夬111110）

姤益大壯：姤的共生是彼此互利的征服　像以生菌與我們的身體
　　　　　（益100011+大壯111100）

合成之後爲

夬頤益壯：用姤共生之道顛倒夬決　互利而壯

復豐小過：復是不斷用放大發現細節　用細節還原眞相（小過

001100＋豐101100）

師臨爲復：訓練與表演　作戰與登位　是相復相生的兩端（師
　　　　　　010000＋臨110000）

合成後爲

豐過師臨：復原之道用放大找回細節　用訓練重臨舞台

屯之咸豐：感微的覺知與放大的心讓我們通天地的耳目　盤旋天
　　　　　　地的至大至微（咸001110＋豐101100）

以屯離遯：盤旋天地與退隱守心是相映離的修練（遯001111＋離
　　　　　　101101）

合成之後爲

咸豐離遯：用屯盤旋之道用感微放大生命覺知　用複製遠離退化

以噬益萃：會自我修錯的心　可以加值人生變成閃亮的晶鑽（萃
　　　　　　000110＋噬100101）

以震益否：共鳴的歌聲幫助渡過否逆　震懼的心則加重否逆（否
　　　　　　000111＋震100100）

合成之後爲

噬萃震否：用益互助之道以精萃修正邪曲　用共震喚醒嚴冬

漸震同人：漸是漸漸離遠的異化　與漣漪相似　所以漸化同震
　　　　　　（漸001011＋同人101111）

震旅爲賁：波韻的行遠就是最美的故事

合成之後爲

旅賁漸同：用震之道旅往賁來　漸化而覓同

晉復噬嗑：修正是不停復原與更新的標準

艮豐噬嗑：艮是確立個體的邊界　豐是放大　兩者相修正（艮
001001+豐101100）

合成之後為

復晉艮豐：用噬之道還原標準　規範光明的野心

謙以隨革：謙求公平所以隨人　謙以納衆所以革己（謙001000+
革101110）

隨以塞豐：跟隨大衆可以保護群體的豐大　同時阻擋個體的自大
（塞001010+豐101100）

合成之後為

謙革塞豐：跟隨之道以謙懷革己　阻擋異而放大同

剝隨無妄：因果相隨的剝壞　事情失去了道理　失去了邏輯　就
是無妄

渙歸無妄：天意無常　或渙散或歸一　而平常心是習慣它的渙與
歸

合成之後

剝隨渙歸：無妄之道剝去因果而無常　由渙散而歸一而得常

豫豐明夷：誤差放大後　標準就不見　讓光自由擴大自己　不久
就讓衆生盲目了（豫000100+豐101100）

蠱損明夷：簡化的祕密是自我淘汰　更強的祕密是自我簡化（蠱
011001+損110001）

合成之後

豫豐損蠱：明夷之道以豐大的光隱藏簡豫的心　簡化自己而避開
　　　　　淘汰

賁以晉豐：豐是畫家的筆　晉是美麗的模特兒　賁是畫家的筆與
　　　　　模特兒的總合（晉000101+豐101100）
以賁恆睽：用賁美的素描把持久不變對立與分別留在人間（恆
　　　　　011100+睽110101）
合成之後
晉豐恆睽：賁美之道用最美的標準豐富畫意　將相對的永恆畫進
　　　　　人間

比夷既濟：最明顯的口號可以結盟萬邦　最隱藏的實力可以調和
　　　　　虛實（比000010+明夷101000）
蠱孚既濟：賽局是汰弱的人道　中孚是通天的神道　智者調和人
　　　　　道與神道的治理術（蠱011001+中孚110011）
合成之後
比夷蠱孚：既濟之道調和外盟與內明　相爭與共信

賁比家人：用最美的故事領導最美的角色與家人（賁101001+比
　　　　　000010）
蒙需家人：完美的故事要曲折懸疑與強烈的愛恨（蒙010001+需
　　　　　111010）
合成之後
賁比蒙需：完美組合要用畫家的心結盟萬物　用盲目的情懷大愛
　　　　　天地

成語易經：用卦名創造成語的智慧

豐艮噬嗑：慎用豐大　因爲它隔絕溝通與修正　開始走向自戀與
　　　　　固執（艮001001+噬100101）
豐之蹇隨：豐大的心霸佔權位且阻擋別人跟隨（蹇001010+隨
　　　　　100111）
合成之後
噬艮蹇隨：豐大的心會咬壞相安的牆　阻擋跟隨的人群

蒙離大壯：對小事馬馬虎虎與對大事正氣凜然相映（蒙010001+
　　　　　大壯111100）
困離小畜：安困於身與靈感的天使來訪相映（困010110+小畜
　　　　　111011）
合成之後
蒙壯困畜：離映之道蒙蔽小事而壯大志　守其困而畜積其福

遯革相頤：遯是逃開革變而保舊　革是遯去過去而迎新　兩者相
　　　　　頤轉（遯001111+頤100001）
蒙革則乾：模糊與朦朧的美感加上革新的創意則是如詩如畫的生
　　　　　命力（蒙010001+乾111111）
合成之後
遯頤蒙乾：除舊之心退開既有的循環　遮蔽頑固的乾剛

萃賁同人：結晶的定位過程與美化的定形等同　聚物與說事的心
　　　　　等質（萃000110+賁101001）
謙同無妄：謙虛的心化同眾生　無妄的心化同天意（謙001000+
　　　　　無妄100111）

合成之後

萃賁謙妄：化同的心看出一顆寶石與一幅美畫的同質　求平均與
　　　　　求平常心的同理

臨旅大有：生命用旅遠與臨近來經驗多元世界（旅001101＋大有
　　　　　111101）

咸臨爲夬：咸可臨極微細之變　夬爲時空之初始　咸與夬相臨於
　　　　　刹那（咸001110＋夬111110）

合成之後

旅有咸夬：登臨之道用臨近與旅遠創造大有的多元　用最敏感的
　　　　　覺知接近刹那與爆發的生命

觀節爲損：損道是用節的觀想　也是把節韻收納於心的智慧（觀
　　　　　000011＋節110010）

損道蒙復：損道無常蒙亦無常復　初心是介於模糊與還原間的心
　　　　　（蒙010001＋復100000）

合成之後

觀節蒙復：用損之道用分節來簡化觀想　用蒙蔽來簡化復原

蹇節爲泰：節慶是在阻斷的河邊熱鬧的市集（蹇001010＋泰
　　　　　111000）

漸節大畜：節是內化的漸進與轉化　像考古學一樣一層層挖深
　　　　　然後積成一本人類歷史（漸001011＋大畜111001）

合成之後

泰蹇漸畜：用節之心把斷點變成熱鬧的節點　用一層一層的挖深

考古積成一部人類史

漸泰中孚：生命用每天的溫柔漸進來擁抱泰旺（漸001011＋泰
111000）

孚解無妄：中孚的誠信諒解了無妄的天意（解010100＋無妄
100111）

合成之後

漸泰解妄：中孚之心用每天的溫柔擁抱熱情的人們　用諒解擁抱
無常天意

大歸節萃：大歸是先縮小選項　再出發聚集（萃000110＋節
110100）

大歸謙壯：謙虛以高歸低　大壯以理歸易（謙001000＋大壯
111100）

合成之後

節萃謙壯：大歸之心縮節自己而心寄晶鑽的理想　謙懷平施而進
取四海

觀兌相睽：觀的弘遠與兌的精細相分別（觀000011＋兌110110）

晉臨相睽：高高在上的太陽　與身邊的舞台相分別（晉000101＋
臨110000）

合成之後

觀兌晉臨：用睽之道以相談相對交疊觀想　以尋找共識接近眞理

蹇壯爲兌：蹇是盾甲　大壯是劍戟　交心是慢慢脫下盔甲　放下
　　　　　劍戟（蹇001010+大壯111100）

漸兌大有：交心要愈慢愈柔愈持久　而交疊的面積要愈大愈多元
　　　　　（漸001011+大有111101）

合成之後

蹇壯漸有：交兌之心用盔甲與劍戟攻防　用溫柔漸進與花花世界
　　　　　對話

豫履中孚：命運的路上有信仰會走得更輕鬆

晉以節履：用晉的標準可以節約履的困難　要往明亮前進　用簡
　　　　　單的節奏

合成之後

豫孚晉節：擇履之道選容易與信神的路　選不慕虛名與守節通變
　　　　　之路

泰觀小畜：觀世界的泰境是積多後的靈變　是心的生氣膨勃到文
　　　　　思泉湧（觀000011+小畜111011）

泰謙爲臨：泰的用謙不只求均平　而是不斷登臨王道的高處　即
　　　　　衆生的深心（謙001000+臨110000）

合成之後

觀畜謙臨：用泰之道積觀而得靈感　謙懷而得天下

咸履大畜：咸是參數　履是參數的集合　人工智慧的產出要集合
　　　　　億萬個參數（咸001110+履110111）

遯兌大畜：大富來自心的反向對談　是對聽不到的對談大量的收

集（遯001111＋兌110110）

合成之後

咸履遯兌：大畜之道由參數的變化率積成矩陣的通關密碼　同時
　　　　　與消失的過去對話

否需大有：大需的否定就是大有　否境下的大需是多元的勝境
　　　　　（否000111＋大有111101）

以需臨蹇：愛需之心可以越過阻斷完成近臨（蹇001010＋臨
　　　　　110000）

合成之後

否有臨蹇：需缺之心由否求有　由近在身邊變遠隔天邊

畜艮爲節：累積分隔的界線　會變成人文的禮節（艮001001＋節
　　　　　110010）

畜過成履：累積生活的一小步的細節　會變成決定命運的大道
　　　　　（小過001100＋履110111）

合成之後

艮節過履：小畜積變之心用新的分節來突破極限　用新的細節來
　　　　　更謹愼選擇

渙同大壯：病毒的擴散與傳播化同人生的進取與用壯（渙
　　　　　010011＋同人101111）

壯解明夷：大壯的心善於諒解　更善於埋藏苦痛（解010100＋明
　　　　　夷101000）

合成之後

渙同解夷：大壯之行可以傳播遠方大同的思想　可以諒解別人並
　　　　　且自我珍藏

剝壯大有：當恐龍剝亡後　地球的物種開始多元發展（剝
　　　　　000001+大壯111100）
解賁大有：解開定形的邊界　故事開始多元豐富（解010100+賁
　　　　　101001）
合成之後
剝壯解賁：大有之心剝除壯取的貪念　解開定形的美麗

解夬萬濟：一次的解放開啟萬種既濟　一次的諒解開啟萬種的滿
　　　　　足（解010100+既濟101010）
困夬明夷：一種困境開啟萬種無知　一種用困開啟萬種偽裝（困
　　　　　010110+明夷101000）
合成之後
解濟困夷：用夬之道用一種諒解開啟萬種滿足　用一個界定開啟
　　　　　萬種藏真

乾漸歸妹：如詩如畫的心能把長遠的決心化成每天的功課（漸
　　　　　001011+歸妹110100）
乾過中孚：飛龍的心能用最細心溫柔的每天去敬奉神的信仰（小
　　　　　過001100+中孚110011）

合成之後
漸歸過孚：乾剛之心把遠大的理想化成每天的功課　把細節中的
　　　　　日常化成虔誠的神通

成語易經：用卦名創造成語的智慧

易經中的美學智慧

　　為了展示成語易經的威力，我特別就美學的角度來勾對易經的智慧，並且比較六爻的智慧與運算下易經解卦的智慧。易經中提到美學智慧的卦當屬「賁」卦最知名了。賁卦的結構：101001上山下火，意思是幫火的美麗加上山的邊框，延伸的意義是幫美麗化個妝，幫故事取個名字，幫美好的生活定個形。

　　賁卦的爻詞也很有美的叮嚀：

　　初爻，賁於趾，教我們美化的工作要注意細節。

　　二爻，賁於須（鬍鬚），美化的工作要注意重點門面。

　　三爻，賁如濡如，美化有時要清楚的邊框，有時要用暈。

　　四爻，賁如皤如，白馬翰如，美化的進階是黑白相間，虛實雜揉，是現實，更是幻想，既真又假。

　　五爻，賁於丘園，束帛戔戔，美化要極簡，才能穿透時空，深入人心，長留回憶。

　　上爻，白賁，美化要還原初心，返璞歸真。

　　一個賁卦六爻的智慧就夠我們修習一輩子了，不是嗎？

　　畫一張圖與說一個故事本質很像，作一首詩也是，所以古人說：畫中有詩，詩中有畫。讓人生充滿詩畫，可以說是最美最幸福的經營。而當詩畫的境界漸高，創作者要再精進應該不只是技法的講究，而是取決於心智的精深與情懷的寬博。這一點易經又是一位極佳的導

師。讓我再冒昧分享一些易學中美學的心得，用的是把賁卦與其他易卦運算勾對的方法。

賁剝明夷：美的終局是隱藏，隱藏有形的自己。

賁比家人：美是完美的組合，更是完美的比率。

濟觀為賁：美是不斷調和的觀想，是在自觀中尋找自足。

賁以豫離：美是最輕快的相映，也是心在鏡像中的跳動。

晉豐為賁：美是自戀心的放大，直到變成自己的標準。

萃同為賁：美是把化同天地的情感結晶化到自己的作品。

謙頤為賁：美的筆下是慈悲，把自己畫進輪迴的眾生。

艮復為賁：美有時是絕情，還原孤高的自己。

賁以益蹇：美是晚強的安慰，對受阻的生命加值。

賁以漸屯：美是暈開的墨，也是盤旋的舞。

賁噬小過：美是最細膩的修錯。

震旅為賁：美是震盪最遠的漣漪。

賁咸為妄：美是捕捉無常的感動。

賁以遯隨：美是躲藏凡俗的跟隨或讚美。

賁以師畜：美是嚴謹的訓練與廣博的收集。

蒙泰為賁：美是熱情的發問與解答。

賁坎小畜：美是靈感與突變，更是它們的垂直思考。

渙需為賁：美是泛濫的飢渴。

賁解大有：美是多元的百花齊放，更是它們的崩解。

賁壯未濟：美是進取的心與永續的貪婪。

困乾為賁：美是多變的美猴王，更是幫牠套上金箍咒。

訟夬為賁：美是矛盾的爆發，無中生有的張力。

成語易經：用卦名創造成語的智慧

升損爲賁：美是升華的虛實與簡化的有無。

臨蠱爲賁：美是接近本我與淘汰諸多醜惡。

井孚爲賁：美是流通的默契，泉湧的信心。

巽節爲賁：美是四季的斷續，如風的狂想。

恆暌爲賁：美是守常的對立，對比的積累。

鼎歸爲賁：美是創新也是歸一。

過履爲賁：美是超越也是選擇。

逅兌爲賁：美是碰撞也是對談，與自己對談，與靈魂碰撞。

賁之革否：美常對心說不，直到我們改變自己。

　　以上綜合了易卦的智慧與美作了31次的勾對，需要細嚼慢嚥一陣子才能融會貫通。這是祖先傳給我們的寶藏，我只是個傳訊人，希望大家都能受益。

國家圖書館出版品預行編目資料

成語易經：用卦名創造成語的智慧／趙世晃
著. --初版.--臺中市：白象文化事業有限公司，
2023.10
　　面；　公分
ISBN 978-626-364-111-2（平裝）
1.CST: 易經　2.CST: 注釋
121.12　　　　　　　　　　　112013261

成語易經：用卦名創造成語的智慧

作　　　者　趙世晃
校　　　對　趙世晃
　　　　　　本書圖片引用自Unsplash網站，趙世晃提供
發 行 人　張輝潭
出版發行　白象文化事業有限公司
　　　　　　412台中市大里區科技路1號8樓之2（台中軟體園區）
　　　　　　出版專線：（04）2496-5995　　傳真：（04）2496-9901
　　　　　　401台中市東區和平街228巷44號（經銷部）
　　　　　　購書專線：（04）2220-8589　　傳真：（04）2220-8505
專案主編　陳逸儒
出版編印　林榮威、陳逸儒、黃麗穎、陳婷婷、李婕
設計創意　張禮南、何佳諠
經紀企劃　張輝潭、徐錦淳
經銷推廣　李莉吟、莊博亞、劉育姍、林政泓
行銷宣傳　黃姿虹、沈若瑜
營運管理　林金郎、曾千熏
印　　　刷　基盛印刷工場
初版一刷　2023年10月
定　　　價　400元